www.tredition.de

AF217295

www.tredition.de

© 2015 Johanna Neukirch

Verlag: tredition GmbH, Hamburg

ISBN
Paperback: 978-3-7323-3868-9
Hardcover: 978-3-7323-3869-6
e-Book: 978-3-7323-3870-2

Printed in Germany

Johanna Neukirch

Der Glanz reinen Gewahrseins

Schlüssel zum Erwachen in
die Eine Lebendigkeit

Inhaltsverzeichnis

Dieses Buch widme ich all den
sich verloren fühlenden
Kindern

Mögliche Schlüssel zum Erwachen

Ich wünschte mir Beliebtheit. Ruhm. Geld. Ehre. Dienstbare Zaubergeister.
Und erhielt stattdessen einen unbequemen unbestechlichen Meister.
Er reicht mir goldene Schlüssel. Ich nehme sie aus seiner Hand.
"Passt leider nicht!", bekunde ich jedes Mal eifrig und gewandt.

Für mein persönliches Empfinden braucht es den nächsten Schlüssel ... und den nächsten. Heimlich weiß ich indessen, dass die Schlüssel wahrhaft schön sind. Und dass sie alle passen. Jederzeit kann es also geschehen, dass einer sich im Türschloss dreht. Und das persönliche Ich im klaren Bewusstseinsraum endgültig vergeht.

Wer traut sich ins Glücklichsein?

Verbale Schlüssel können die Pforte zur Wahrnehmung der stillen reinen Präsenz öffnen. Dieses Buch verkörpert einen ausgewählten Schlüsselbund. Möglicherweise probieren Sie, ob einer von ihnen passt.

Wie die Texte in die Welt kamen

Ralf und Johanna Neukirch arbeiten seit fast zwei Jahrzehnten intensiv an der Ergründung des reinen Gewahrseins und seiner Gestaltwerdung im vielfältigen Personsein. Dabei durchliefen sie einen spannenden Prozess des Werdens und Vergehens ihrer eigenen psychischen Strukturen.

Aus den vielen Aufzeichnungen stellt die Autorin nun ihre erste Textsammlung über wesentliche Erfahrungsinhalte aus den Begegnungen mit dem klaren Bewusstsein, das sich im Zuge des therapeutisch spirituellen Entwicklungsprozesses offenbarte, zur Verfügung.

Willkommen

Die kurzen Texte aus der Stille sind wie bunte Perlen,
aufgefädelt auf dem schimmernden Faden
wacher Konzentration.

Willkommen im Erkennen Ihres wahren Selbst.

Aufklang 1

Wie viel Wahrheit darf es denn sein?

Es gibt nichts außer Bewusstsein. Das ist alles.

Dieses Bewusstsein ist selbstverständlich da. Und im irdischen Dasein trifft es als Neugeborenes auf die, die vor ihm waren. Mit Selbstverständlich-da-Sein ist es alsdann vorbei. Körperlichkeit und die Botschaft der anderen reglementieren dieses eine Sein. Solange, bis es glaubt, eine Person zu sein.

Im Fühlen und Denken geht die wahre Natur in den Strukturen "Darf sein!", "Darf nicht sein!", "Darf nur sein, wenn … !" verloren. Um daraus wieder zu erwachen, braucht es in aller Regel einen Schlüssel. Bisweilen geschieht es auch unvermittelt von ganz allein.

In diesem Buch gibt es viele Schlüssel. Ich wünsche Ihnen – der Sie nicht sind – dass einer in Ihnen passt.

Bad Münstereifel im Mai 2015
Ralf Neukirch

Aufklang 2

Das heilsame Voranschreiten in die wahre Identität verläuft immer einzigartig. In unserem Fall erfährt zunächst mein projektorientierter erfindungsreicher Mann die Auflösung seines vertrauten Personseins, indem er sein weltliches Streben in einer Melange aus kühlem Löwenmut und heißer Verzweiflung hingibt und sich als klarer Spiegel zur Verfügung stellt. Wird eine Frage zum therapeutisch spirituellen Entwicklungsweg an ihn herangetragen, dann findet sich die Antwort: Das Sprechen aus der Stille geschieht durch ihn.

Dagegen liefere ich Frau, die im eigenen Empfinden bislang keine feste Persönlichkeitsstruktur ausbildete und somit das eigene Personsein trickreich über die Negation definierte, das weltliche Auftreten. Ich nehme das intuitive mentale und emotionale Begreifen aus der Begegnung mit der Stille in mich und mein Schreiben auf und stehe mit dieser Erfahrungswirklichkeit in der Welt.

Hergabe der persönlichen Struktur des einen plus Neubildung des natürlichen Selbstverständnisses des andern: Diese transformierende Dynamik ist im gemeinsamen Entwicklungsprozess entstanden.

Ich wünsche Ihnen alles Gute auf Ihrem Weg in die Erfahrung, das reine Gewahrsein zu sein,

Johanna Neukirch

Du

Während des Hinweisens auf die Wahrheit "Es gibt nichts außer klarem Bewusstsein!" spricht das Sein zum Sein. Zu wem sonst? Weshalb Sie, verehrte Leserin und verehrter Leser, im Buchtext mit *du* angesprochen werden. *Du Mensch auf Erden. Du waches wahrnehmungs- und empfindungsfähiges Wesen. Du reines Gewahrsein.*

Bist du im Rosengarten geboren,
kannst du die Rose nicht erkennen.
Bist du im Wahnsinn geboren, ...

* * * * *

Das Erwachen ins klare Bewusstsein geschieht in der Erfahrung des ewigen Augenblicks. Die Loslösung aus der altgewohnten Struktur erfolgt in der Zeit.

Das chronologische Erleben des individuellen Lösungsprozesses führt zu einem sich wiederholenden und vertiefenden Erkennen. Bis das endgültige Sichzurücklehnen in den reichen Urgrund geschieht.

Trau dich, wieder die Liebe zu sein.

Meister Otter

Wer ist "Ich"?

Meint "Ich" ein gedemütigtes, ein gelobtes oder wie auch immer geformtes Einzelwesen, so kann diesem Wesen jederzeit eine Misslichkeit passieren. Die Demütigung könnte sich wiederholen. Und das Lob könnte ausbleiben. Dieses "Ich" läuft immer Gefahr, ein Unglück zu erleiden.

Wenn "Ich" hingegen das wache Dasein meint, welches all dem Geschehen zugrunde liegt, dann herrschen Reichtum und Einheit.

"Ich bin mir meines Gewahrseins gewahr!" ist die letzte Erfahrung. Sie bedeutet klares immerwährendes Bewusstsein.

<u>1</u>

Es gibt nichts in dir und der Welt, was du fürchten müsstest: Alles kommt aus der einen reinen Quelle. Du bist aus ihr gekommen und wirst in sie zurückkehren. Die letzte Wahrheit freilich ist: Du bist nicht gekommen und du wirst nicht zurückkehren. Du warst und bist und wirst immer sein: jetzt und ewig. Du bist die Präsenz des einen Seins.

R.N.

Traumatisierung

Die Grundtraumatisierung geschieht bei Reiseantritt ins irdische Leben. Unweigerlich geraten wir Menschenkinder ins schreckliche Erleben "Hilfe, ich bin der Körper. Sterblich. Nichtsein ist möglich!". Diese grundlegende traumatische Erfahrung ist die Mutter aller persönlichen Ängste.

Und die Folgetraumatisierung geschieht durch unser frühes Erleben mit den maßgeblichen Erwachsenen, mit denen wir in Berührung kommen. Sie leben in der Kompensation ihres eigenen angstvollen Erfahrens, nicht selbstverständlich und bedingungslos da sein zu dürfen. Verkennen uns. Und stehen unserem lebendigen Sein entgegen.

Die daraus entwickelte Angst, womöglich einen Fehler zu begehen, bei dem sich unweigerlich die Emotion einstellt, nun zunichte gemacht zu werden, begleitet uns durchs ganze persönliche Leben. Sie stellt eine tiefe Lötstelle im organischen Schaltplan des menschlichen Funktionsapparates dar.

Greift ein Kind bspw. spontan nach etwas Begehrtem und folgt auf diese lebendige Aktion eine erschreckende Reaktion der gewichtigen Erwachsenen, dann füllt diese Erfahrung das Kind aus.

Traumatisierende Erwachsene sind furchteinflößend. Deshalb bleibt dem heranwachsenden Kind das natürliche In-Besitz-Nehmen verschlossen. Nach seinem Rückschluss, im eigenen Verkehrtsein etwas Verkehrtes getan zu haben, ist nur noch ein Provisorium von Leben möglich.

Strafaktionen wie Beschämung, Demütigung, Ächtung, die dem Kind infolge seines lebendigen Verhaltens widerfahren, fühlen sich nach Ausgelöschtwerden an. Sie prägen es tief in seinem körperlich-seelisch-geistigen Selbstverständnis. Das Empfinden von Schuldigkeit legt sich wie ein kalter Schatten über die warme Lebendigkeit des jungen Wesens.

Die tiefe Programmierung gilt es wahr sein zu lassen, damit erfasst werden kann, dass wir als Erwachsene nicht real gefährdet sind, im Sinne unseres frühen prägenden Erlebens verfolgt und ausgelöscht zu werden. Wird unser Wohlgenährtsein und in relativ sicheren Lebensumständen Wohlbehütetsein wahrgenommen und begriffen, dann setzt sich diese Wirklichkeit durch. Die Gefahr ist ausgedacht. Nur in Zusammenhang mit dem alten Katastrophenalarm "Wenn dies auftritt, dann passiert jenes!" können starke Angstgefühle auf den Plan treten.

Selbstverständlich da sein und etwas in Anspruch nehmen zu dürfen ist das angestammte Recht eines jeden Menschen und aller fühlenden Wesen. Es gilt, dieses Grundrecht zu erfahren und zu achten. Im Empfinden der eigenen Daseinsberechtigung geschieht natürliche Kontaktnahme. Zur konkreten Welt. Und zum reinen Wahrnehmen des eigenen Präsentseins.

"Ich bin berechtigt, meinen menschlichen Bedürfnissen zu folgen.": In diesem Erkennen können wir bspw. ein anderes weltliches Geschöpf unbefangen umarmen. In Selbstverständlichkeit zu berühren und zu begreifen entspricht dem ruhigen Selbstverständnis, selbst berührt und begriffen zu sein.

* * * * *

"Ich!"
Eine wahre Geschichte

„Als kleiner Junge klingelte ich bei der direkten Nachbarin. Und fand auf deren Frage, wer denn da sei, die klare Antwort "Ich!". Ich spürte ja ganz deutlich "Ich": ein starkes Seinsfeld mit einem intensiven Anliegen. Und von hinter der Tür kam als zürnende Nachfrage "Ich? Wer *"Ich"*?".

Es brauchte eine ganze Weile, bis ich begriff, dass dieses starke Ich, was ich empfand, keineswegs bei ihr angekommen war. Dass es also nicht um dieses intensive Erleben ging, sondern dass sie stattdessen den nichtssagenden Namen hören wollte, der in Bezug auf mein Ich-Empfinden gemeinhin benutzt wurde.

"Ich" bedeutete für mich alles. Die ganze gefühlte Lebendigkeit. Das schöne Vorhaben. Der ungestüme Tatendrang. Die ganze wunderbare Welt. Ich war ganz erfüllt von meinem Sosein. Aber die Frau forderte die Reduzierung auf den Namen, um mit mir in Kontakt zu treten.

Ich besaß genug Intellekt, um darüber zu schmunzeln und den Tatbestand zu erfassen "Ah, so geht das jetzt!". Faktisch war es aber so, dass ich als dieses totale Ich vor der Nachbarin Tür stand. Und mich auf den Namen reduzieren musste, um die Information erhalten zu können "Deine Freundin ist nicht zu Hause!". So geschah mir in meiner frühen Erfahrungswelt.

Und so verlernen wir Menschenkinder nach und nach das wirkliche Ich und benutzen mehr und mehr das persönliche Ich mit dem entsprechenden Namen und den zugehörigen Daten.

Etwas später fuhr ich mit meinen Eltern über eine Landesgrenze. Am Grenzübergang lag eine seltsame Strenge – eine nervöse Spannung – in der Luft. Manche Leute wurden herausgewinkt und mussten ihr Auto komplett ausräumen. Und als dann schließlich wir an der Reihe waren, starrte der Grenzposten intensiv auf das Stück Papier, das ihm gereicht wurde. Er blickte konzentriert auf diesen sogenannten Pass, um mich zu erkennen. Um festzustellen, dass ich es war, ohne dass er mir begegnet wäre. Danach schaute er kurz auf und machte die Ansage "Alles okay!". Und ließ uns die Grenze passieren.

So wurde ich immer mehr zu Namen und Daten. Und die Angst wuchs, dass daran etwas verkehrt sein könnte. Und dass irgendeiner die Rede führen könnte "Nein, das bist du nicht! Aber wenn du dies und das tust, dann schon!". Und mein persönliches Schicksal nahm seinen Lauf."

Wir alle wollen wieder das ganze Ich sein. Sonst nichts.

Bankdirektor oder Bürgermeister zu sein reicht also nicht. Im Verborgenen haben alle auch Angst, etwas zu verpassen. Verpassen kannst du aber nur eins: dein wahres Ich.

In eines Menschen Leben geht es immer ums klare wache "Ich bin's!". Also ums selbstverständliche selbstbewusste Dasein. Egal mit welchem Name. Welcher Form. Und welcher Farbe.

"Ich bin's. Sind Sie es auch schon?" ist mein wacher Gruß in die Welt.

* * * * *

<u>2</u>

Ich falle aus der reinen Wahrheit in die Familienwahr-
heit. Ausgehend vom großen fülligen Nichts ... vom reinen Gewahrsein ... von dem, was alles ausmacht ...
werde ich zum nichtssagenden Nichtsnutz. Vertrete die
Familiemoral. Nehme sie auf und gebe sie weiter. Ob in
Entsprechung oder in Rebellion: Ich bin gebunden anstatt im freien Energiefluss zu sein.

R.N.

Klotz am Bein

Grundsätzlich ist es zunächst egal, auf welche Weise wir unser Erbe auf dieser Erde antreten: Wir erben sowieso erst einmal das, was vor uns war.

Zwar können wir die Beziehungsrealität zu den uns vorangegangenen Erwachsenen verharmlosen oder verherrlichen, aber beiden Verhaltensmustern fehlt das Echtsein. Die verleugnenden Strategien gehören zum persönlichen Überlebensmechanismus.

Unsere Überzeugung "Ich brauche es erträglich, sonst kann ich als Mensch nicht sein!" ist in sich stimmig, aber nach der Kindheit ist jede Form der Ableugnung ein Klotz am Bein. Der Klotz will bemerkt und ausgeräumt werden. Mehr als ein gemütliches Elend ist ohne seine Auflösung nicht möglich. Also tut es Not, auf unser Erbe zu schauen und es zu achten. Was bedeutet, die Eckpunkte der eigenen Kindheit klar zu sehen.

Im Fall eines Missbrauchs entsprechen bspw. die prägnanten Bekennerworte "Der geile Onkel hatte seine ekelerregende Zunge in meinem Kindermund!" damaliger Echtzeit. Und nur von dort aus kann losgegangen werden. Etwas Verharmlosendes oder Verklärendes bietet keinen festen Grund.

Ohne klare Sicht auf die Kindheit stehen wir nur wackelig im Leben. Wir kennen uns nicht.

Im Begreifen des damaligen Geschehens wird hingegen

sichtbar, warum wir im späteren Leben bspw. nicht gerne küssen. Also etwas Bestimmtes unterlassen und stattdessen möglicherweise beschämt auf eine besondere Fertigkeit ausweichen.

Im scharfen Blick auf die kindliche Erfahrung, bei offener Rede bestraft, isoliert, verstoßen worden zu sein, wird bspw. klar erkannt, warum nicht frei gesprochen werden kann und gegebenenfalls stattdessen geschrieben werden muss. Dann wird begriffen, wodurch die Neigung zur Schriftsprache entstand. Und nur in der Wahrheit erfahren wir Menschenkinder echte befreite Kreativität.

Im Hervortreten aus der verleugnenden Familienbande bezeugen wir *unsere* Wirklichkeit. Dieses mutige Selbstbekenntnis und Ausscheren aus der vertrauten Herde erlaubt einen eigenständigen Weg ins selbstverständliche Lebendigsein. Unsere Fähigkeiten erhalten einen schlichten kraftvollen Glanz.

* * * * *

Wehe mir

Aber wehe mir, wenn ich ausschere. Dann bin ich gemäß der sich erbosenden Bande des Todes.

Der Glanz geschieht mir erst im Niederlassen in dem, was vor der Bande war und immer und ewig ist. Wenn dieses Niederlassen nicht vollzogen wurde, dann bin ich auf der Flucht. Im Sinne des familiären Systems darf ich nach Veränderung meiner inneren Ausrichtung nicht mehr da sein. Ich verliere meine Zugehörigkeit.

Wenn ich nicht tu und mach, was die mir sagen, dann bin ich automatisch in einer Fluchtbewegung. Auch dann, wenn ich mich ihren Maßstäben und Werten in Revolution entgegenstelle. Ich kämpfe bspw. für einen verbesserten Tierschutz. Bin Che Guevara oder ein anderes Freiheitsidol anstatt ganz einfach da zu sein.

Nur im wirklichen Dasein sind alle Sinne ganz wach und präsent anstatt auf eine Selektion beschränkt zu sein, in der es dann gar keine wirkliche Befriedigung gibt. Was heißt: Innerer Friede ist im gedimmten Licht meines Präsentseins unmöglich.

Was jetzt? Mit der Wahrheit will die familiäre Band nichts zu schaffen haben. Also breche ich aus dem persönlichen Wahrnehmungs- und Empfindungsfeld der andern aus, in dem ich aufgrund meiner eigenen Persönlichkeitsdefinition gefangen bin.

Im Märchen "Des Kaisers neue Kleider" von Hans Christian Andersen darf das Offensichtliche ebenfalls nicht ausgesprochen werden. Bis das wache Kind daherkommt und im Klartext benennt.

Ohne den Mut zur Wahrheit tue ich so, als ob. Und kann dann natürlich nicht wirklich *sein*.

"Damit hab ich nichts zu tun!" und "Bei uns in der Familie gibt es keine Alkoholiker!": Solche Aussagen bilden die harte Verleugnung meines Erbes ab, obwohl Alkoholkrankheit und Co-Abhängigkeit als Elefant im Wohnzimmer thronen.

In dieser Ableugnung landet der ängstliche Normalbürger bspw. die höfliche Frage "Und, wie geht's?". Und erntet die beruhigende Nachricht "Gut!". Und der noch ängstlichere Mitmensch führt gleich die Rede "Und, alles gut zu Hause?". Und hört "Ja ja!". Keiner kratzt am Schutzlack des andern.

Und doch sehne ich mich nach klarer Präsenz.

Wird bspw. ein Kind gefragt, was es denn einmal werden wolle, wenn es groß sei, so ist ihm eigentlich danach, kundzutun "Ich will einfach nur sein!". In seiner Aufbruchstimmung in die Menschenwelt wird es, so es noch klein ist, nun aber etwas benennen, was es begeistert. Und ist es schon älter, so wird es wohl eher etwas vortragen, was in der Familie oder Gesellschaft Anerkennung findet.

* * * * *

3

Der Weg vom reinen Sein zum reglementierten Sein geschieht durch die Verschiebung der klaren Gewissheit "Ich bin selbstverständlich da!" zum einschnürenden inneren Glauben "Nur wenn ich Vorstellungen, Erwartungen, Maßgaben erfülle, darf ich sein!". Einmal geschieht des Vogels freier Flug in Gottes schrankenloser heller Schöpfung. Und das andere Mal der unfreie Flug im beengenden dunklen Tunnel.

R.N.

Pflichterfüllung

Im erlernten Fühlen und Denken haben wir niemals wirklich die Wahl.

Stirbt bspw. eine alte Tante, ohne die problematische Beziehung zu ihrer Nichte geklärt zu haben, so muss diese Nichte im wiederbelebten Fühlen und Denken des Familienverbands ihre eigentliche Entscheidung, am Bestattungsritual nicht teilzunehmen, zwangsläufig kippen. Im peinvollen Stress ihrer Befürchtung, ihre Zugehörigkeit aus Sicht der anderen Familienmitglieder zu verlieren, will sie dringlich ihrer vermeintlichen Pflicht nachkommen.

Immer wieder keimt unsere alte Hoffnung auf, in der Rolle der in den Familienschoß heimkehrenden Person Anerkennung und Zuneigung zu erlangen und somit im Happyend mit unserer Sippe Erlösung zu finden. In der alten Ausrichtung spüren schuldbewusste Menschen ihre Anverwandten und tragen sie. Unterwerfen sich ihren Konzepten, indem sie ihrer vorgeblichen Verpflichtung nachkommen, den familiären Glaubensinhalten zu entsprechen und zu dienen.

Einem Schuldbewusstsein kann aber glücklicherweise entwachsen werden, indem die verantwortlichen Erwachsenen der Kindheit geschaut werden und indem benannt wird, was in der Kindheit vorfiel. Im Bewusstsein für abgeschlossene Vergangenheit und offene Gegenwärtigkeit können wir Menschen unsere lebenden und verstorbenen Anverwandten achten und ihre Konzepte ziehen lassen.

Pflichterfüllung ist immer von Schuld bestimmt. In Wahrheit hast du aber natürlich immer die Wahl. Mitten unter den Menschen kannst du eine beliebige Rolle einnehmen.

Insofern gibt es nichts, was uns im Erwachsenenleben im Weg stünde. Außer, wir stehen uns selbst im Weg.

* * * * *

"Ich bin's, das Karlchen!"

Es gibt keine Schuld. Außer im Denken. Und dieses Denken paart sich im jeweiligen Wahrnehmungsapparat mit dem sogenannten Schuldgefühl. Also dem Empfinden "Ich habe etwas Schlimmes getan!".

"Wenn du das und das tust, dann muss die Mama weinen! Dann ist sie belastet! Verzagt! Verzweifelt!" vermittelt dem Kind das Empfinden, die mütterliche Wahl der Emotion zu verursachen. Zu bestimmen. Zu verantworten.

Innerhalb des familiären Bezugsrahmens geht es um Definitionen. Um Bedeutsamkeiten. Er ist ein Gefängnis mit vielen Kammern.

"Wenn du mit dem Schmuddelkind spielst, bedeutet es dies!". Und "Wenn du nicht in den Gottesdienst gehst, so bedeutet es das!". Und "Wie konntest du mir das antun? Was werden die Leute sagen?". All diese Inhalte persönlichen Konzipierens lasse ich davonziehen. Wer A sagt, muss nicht zwangsläufig auch B sagen.

Normales freies Leben ist von der Warte der Sippengesetze aus betrachtet törichtes Verrücktsein. Also warum keinen Hippie oder ein anderes blumiges Wesen heiraten? Dieser Akt ist nicht verrückter als der ganz normale Wahnsinn. Die Etikette gängelt und beschränkt das Leben. Nur im Undefiniertsein bin ich frei.

Das Ausweisen "Ich bin's, Karlchen Findig!" ist nichts anderes als das Benutzen einer Lochkarte. Der klare Blick auf die Daten speichernde Karte veranschaulicht das Verlorensein in Definitionen.

Bei der Selbstauskunft "Ich bin's, Karlchen!" geht beim anderen die Schublade "Karlchen" auf, die sämtliche Erfahrungen und Deutungen zu Karlchen Findig enthält. Und dann bin ich mehr als wie ans Kreuz genagelt. Das Karlchen drückt mich. Und dann will ich auf und davon. Will herumwandern. Auswandern. Um dann zu dem Schluss zu kommen "Ich hab einfach keine Erfahrung im Nicht-Karlchen-Sein. Was tu ich jetzt?".

Und wenn ich es mit meiner Strukturauflösung ernst meine, dann werde ich mich von den Konzepten weiter zurückziehen und das irritierende Nicht-Karlchen-Findig-Sein aushalten. Und dann ist mein Dasein süß, weil unreduziert. Es ist das reine Gewahrsein. Das Trägermaterial ohne wichtige, tragende, unbedeutende, kleine oder wie auch immer geartete Rolle. Es geschieht Dasein ohne Bürde.

Wie der Schauspieler nach getaner Arbeit spürt das Selbst sich selbst. Und kein Karlchen ist vorhanden. Was dann? Was jetzt im ewigen Jetzt? Es bleibt ein tiefes reiches Staunen.

Übrigens: Verblichene gibt es nicht. Die Erinnerungsbilder an die verstorbenen Angehörigen herrschen in mir weiter, bis sich das eigene Persönlichkeitsstrukturgewebe auflöst. Und das Karlchen vergeht.

* * * * *

<u>4</u>

Das Letzte, was die Person aufgibt, ist das, was sie zuerst kreierte. Die erste Erkenntnis des persönlichen Identifiziertseins bildet das Urtrauma.

Im Kundtun "Karlchen hat Hunger!" bin ich immer noch das eine Ich, welches ein körperliches Bedürfnis wahrnimmt und artikuliert. In einer Erfahrung wie "Ich bin ungenügend!" oder "Ich bin verraten!" geschieht hingegen der Schritt ins definierte Personsein. Und die Erschaffung eines Rattenschwanzes von Rückschlüssen beginnt.

R.N.

Vertrauter Rest

Nun aber auch noch das Stück Heimat loszulassen, von dem wir bislang meinten, es in uns bewahren zu können, bedeutet akuten Stress. Wir wären ja frei. Was uns viel zu gefährlich dünkt.

Die Person hat Angst, das letzte Stück gefühlte Heimat in sich zu verlieren, so sie sich an irgendeiner Stelle "falsch" – meint: gegen die familiäre Wahrheit – entscheidet. In irgendeinem geheimen Winkel ihres Herzens bleibt die Person also unverbrüchlich treu. Bspw. in Form einer geschönten Erinnerung. Oder einer sehnsüchtigen Idealisierung. Oder einer fruchtlosen Hoffnung.

Wir Menschen bewahren uns immer einen Rest der persönlichen Identität. Bis zum Tod oder bis zur vollkommenen Rückidentifizierung ins reine Gewahrsein.

Erst wenn du dich nicht mehr mit deinen Gedanken identifizierst, erst dann schmilzt der Rest deines persönlichen Ichbewusstseins.

* * * * *

Ach hätte ich nur

Ein alter Meister schaute auf seine Persönlichkeitsreste. Auf sein vertrautes angelerntes Verhalten, mit dem er sich nun nicht mehr identifizierte. Und fiel in die Belustigung "Ach, ich bin immer noch der gleiche Tor. Aber es geht mich nun nichts mehr an!".

Das Beurteilen meiner Handlungen macht den Stress aus und nicht das Handeln selbst. Ein Urteil wie "Ich müsste es besser können!" ist das Gift des Leidens.

Das Reaktionsmuster geschieht. Und es ist keiner da, der es besser oder schlechter machen könnte. "Ach hätte ich doch!" ist reine Fiktion.

* * * * *

5

Vergangenheit ist Fiktion nach hinten. Sie ist im Bewusstsein der Gegenwärtigkeit nicht echt. Sie ist indessen eine besondere Fiktion. In der Manifestation gehen aus ihr sogenannte Konsequenzen hervor, was das Denken faszinierend findet. Es arbeitet indessen angstorientiert, will sich vor negativen Folgewirkungen schützen, zieht Rückschlüsse aus erinnerten Inhalten, wie es sich verhalten müsse, um Unwohlsein zu vermeiden. Das ist verständlich, führt jedoch zum alten Übel. Bin ich als Kind bspw. laut und werde dafür bestraft, so bin ich nun leise. Im Erwachsenendasein zieht diese Persönlichkeitsstruktur dann aber die Lauten, die Übergriffigen, die Bestrafenden an. Und hält mich im alten Leid.

R.N.

Bollwerk

Verstirbt aus unserer Sippe nun gar das letzte Bindeglied zur uns prägenden Generation, so wird der Todesfall jedenfalls zum Erdstoß.

Uns wird klar bewusst, dass die äußere Verbindung zur tradierten Familienmoral, die uns als das hervorgebracht hat, was wir in der Gesamtheit unserer persönlichen Eigenschaften sind, nun endgültig abreißt. Wir sind bloßgelegt und auf das zurückgeworfen, was wir ohne das gewohnte Fühlen und Denken sind. Auf unsere unfassbar große Freiheit als eigenverantwortliches Wahrnehmungs- und Empfindungszentrum auf dem Blauen Planeten Erde.

Wenn bspw. besagte Tante in ihrer materiell gut gerüsteten Erwachsenenwelt für ihre kleine Nichte Reichtum verkörpert und gleichzeitig das Bollwerk versteckten Schreckens darstellt, weil in ihrem Bann über die pädophilen Gelüste des Onkels und deren Auswirkungen beharrlich geschwiegen wird, so wird diese Tante für ihre Nichte zu einem tragenden Pfeiler ihrer geprägten Wahrnehmungs- und Empfindungswelt.

Als erwachsene Frau sehnt sich diese Nichte möglicherweise nach dem Charme reichen Erdenbürgertums und gleichzeitig ist ihr die Abscheu vor den Attributen materiellen Reichtums heilig. In ihrem Wertesystem ist alles letztlich eitler Tand und der ganze materielle Krempel hat keinen Wert.

Im Tod fällt das letzte Mahnmal für die altvertraute verschwiegene Familienmoral. Lässt sich die Nichte in der guten Erschütterung die ganze Wucht der Konditionierung spüren und lässt sie die von den Erwachsenen geleugnete Beziehungsrealität eindeutig wahr sein, dann kann sie ihr eigenes definiertes Geformtsein zulassen. Und loslassen. Dem wachen Augenblick sei Dank. Die natürliche Liebe zur materiellen Welt, die unter der Korrumpierung durch die Erwachsenen der Kindheit verdeckt lag, wird aufgedeckt und fließt.

Oft stehen wir Menschen im Rüstzeug der eigenen Konzepte scheinbar gut in einem perfekt eingerichteten bürgerlichen Leben. Nur ein sensibles Gegenüber spürt die Angst und den Stress, die für uns selbst hinter den Schranken der zugelassenen emotionalen Realität unsichtbar bleiben. Die Selbstwahrnehmung bewegt sich in der Struktur unseres geprägten Fühlens und Denkens.

"Hallo Jungs und Mädels, gehen wir gemeinsam spielen in der schönen Manifestation!": Eine solch schlichte freudige Aufforderung bleibt uns im vertraut anstrengenden Persönlichkeitskonzept unverständlich. Aber die Erfahrung erschütternden Leids kann uns schließlich doch noch auf den guten Weg wacher Selbstwahrnehmung zwingen.

Die tiefe lebendige Freude sei dein. Sie ist das Leuchten in der Welt. Makellos. Und unwiderstehlich.

* * * * *

Ich bin Totalsein

Du bist da! Ist das nicht toll? Dieses tolle lebendige Wachsein: Das bist du doch! Sei inspiriert. Von dir.

Ich bin völliges Gewahrsein. Und wenn ich heimkehre in dieses klare Bewusstsein, dann ist alles gut.

Einer ist nicht einer von vielen. Einer ist – wie alle – alles. In jedem ist das ganze Sein.

Erwache ganz. Du bist *das* Schaf. So wie jeder andere auch.

Es geht ganz um dich. Du bist Totalsein, wenn du es wieder zulässt. Sei das ganze Universum. Und handele.

In der persönlichen Einbildung "Zuerst muss ich noch dies. Und dann noch das. Und dann aber, dann!!" zieht das Leben an mir vorbei. Und ich habe es wieder verpasst.

Dieses "Später!" ist die Person. "Erleuchtung nachher!" gibt es nicht. Erwachen ins Einssein gibt es nur jetzt. Ich kann nicht wissen, wann meine irdische Reisezeit abgelaufen sein wird.

* * * * *

<u>6</u>

Gott und meine Mütze

Ein religiös nicht gebundenes Kind nimmt mit seiner Grundschulklasse am Schulgottesdienst teil. Der strenge Winter sorgt für unangenehme Kälte, dennoch fordert der Gemeindepfarrer die Jungen auf, die wärmenden Kopfbedeckungen abzusetzen, weil dies Gott wohlgefällig sei in seinem Haus.
Der Junge ist irritiert. Besinnt sich. Und meint: „Ich kann nun aber gar nicht glauben, dass Gott will, dass ich ohne meine Mütze an meinen Ohren friere!".

Nach einer wahren Begebenheit

Hölle

Hölle ist, wenn du glaubst anstatt zu sein.

Das Erkennen, dass es die *befürchtete* Hölle tatsächlich gibt, schenkt Klarheit.

In der Psyche herrscht Angst. Und in Kombination mit dem Denken erhebt sich aus dem Sichängstigen die dunkle Hölle.

Die Höllenangst vor Zombies veranschaulicht diesen Ablauf im menschlichen Funktionsapparat. Solche Schreckgestalten, wie sie bspw. in Computerspielen auftreten, gibt es nur im Denken. Aber sowie wir den ausgedachten Zombies zum medialen Gruselauftritt verhelfen, paaren sich diese Phantasien unter bestimmten Umständen mit der uns innewohnenden Angst vor möglicher Vernichtung und Nichtsein. Somit erlebt der Spieler in seinem menschlichen Sein die Hölle. Er lässt sie real werden, wenn er mit dem Bild mordender Zombies im Kopf hundert Meter tiefe Dunkelheit durchmessen muss.

Auch wenn wir etwas tun, von dem wir meinen, dass es verboten sei, kann die Hölle in uns erscheinen. Und wenn uns Lampenfieber plagt, dann lassen wir gleichfalls die höllischen Bilder im erregten Gemüt aufziehen. Sobald der Körper-Seele-Geist-Organismus gedankliche Inhalte mit Angst koppelt, landen wir im Höllenszenario.

Mit der internen Höllenerfahrung geschieht die Schluss-
folgerung, dass, so die Hölle des Menschseins ganz offensichtlich doch wohl existiere, alle anderen Höllen
durchaus auch möglich seien. Dabei sind wir doch die
Energie, die den Körper und alles andere ausmacht und
bewegt.

Nur wenn deine eigentliche Identität in jeder Zelle als
Grundinformation wieder wahr sein darf, geschieht fül-
liger Frieden. Endgültiges Zuhausesein.

* * * * *

Ich bin die Hölle

Und der Herr sprach "Die Hölle bin ich!". Wer oder was
soll sie denn sonst sein? Es gibt nichts außer Bewusstsein. Der ganze Rest ist ausgedacht.

Natürlich kann ich zum Gegenbeweis antreten "Ja aber
es gibt doch Folter! Und viele andere Gräueltaten
mehr!". Das ist richtig. Und trotzdem bleibt die Frage
offen "Wer oder was foltert wen oder was?". Und so ich
dem wirklich nachgehe, werde ich auf eine Einheit sto-
ßen, die das Ganze nicht nur hervorbringt, sondern es
tatsächlich ist. Täter und Opfer sind wie Wellen im
Meer. Sie sind nicht wirklich voneinander getrennt.

Auf Erden treffe ich aber in aller Regel die strikte Wahl,
das Getrenntsein zu empfinden. Und bin am Jammern
und Klagen.

Als dieses eine reine Gewahrsein habe ich tatsächlich die Wahl, wofür ich mich entscheide. Das Spiel scheint mir indessen zu interessant als dass ich es fahren ließe. Zu verlieren gibt es ja sowieso nichts. Ich *bin* es ja. Dieses füllige Nichts.

Das eine Sein kommt zum Entscheid "Ich träume noch ein bisschen weiter. Egal, wie schlimm sich der Trauminhalt nun darstellen mag, es ist interessant und später komme ich ja sowieso nach Hause. Warum jetzt, wenn es doch ein Nachher gibt!". Und leidet fröhlich weiter.

Ich trete gerne in der Leidenschaftlichkeit meines Ach und Weh auf. Aber im Erwischtwerden beim Gewahren der wissenden Freude, wer und was ich in Wahrheit bin, lehne ich mich frohmütig hinein ins helle Licht meines klaren Präsentseins.

Die Manifestation ist eine tolle Bühne. Frag das lebendige Kind, ob es nun Geisterbahn fahren will oder nicht. In der Regel will es die Gruselfahrt wagen.

Gott ist im Himmel tot. Also wird er es wieder wagen, auf Weltreise zu gehen. Dieses Totsein ist natürlich nicht schlecht und ist nicht das, was ich mir in meinem Menschsein vorstelle. Jedenfalls spricht nun aber nichts gegen eine Runde Jahrmarkt.

Ich gönne mir das Abenteuer. Und so dreh ich noch ein Ründchen. Und bin dann wieder zu Haus. Und hierbei ist das Geschenk des Erwachens unbestritten die Krönung der eigenen Traumreise. Weil es so schön ist, sich in diesem Menschsein wirklich zu erkennen.

In dieser Manifestation zu begreifen, wer und was ich wirklich bin, ist eine besondere Erfahrung, bei welcher der Erfahrende und die Erfahrung im Erfahren zusammenfallen. Mir geschieht also, dass das Erfahren überbleibt. Ohne einen Jemand. Und trotzdem ist die Körperlichkeit dann noch vorhanden.

Aufgrund dieses Ereignisses irrt dann der Körper des sogenannten Betroffenen bisweilen verwirrt umher. Und ruft das Karlchen erneut auf den Plan. Karlchen Findig kann aber nur noch feststellen, dass ihm alle Felle davongeschwommen sind. Erlebt sich mitunter im galoppierenden Wahnsinn. Und weiß natürlich nicht weiter. Die Erkenntnis besteht nun gerade darin, dass es keinen gibt, der weiterwissen könnte.

Dieser Jammer ist aber nur das gewohnte Sichauflehnen. Der Kontrollanspruch des Denkens, eine Person zu sein. Ansonsten geschieht das süße Nichts, was sich wie klares Verliebtsein anfühlt.

* * * * *

7

Nichts

Ein heiliger Mann betet im Tempel. Er kniet nieder. Gerät in tiefste Verzückung. Und ruft ergriffen aus: „Herr, oh Herr, vor dir bin ich nichts. Nichts bin ich vor dir!"
Ein zweiter Heiliger bemerkt seinen Glaubensbruder, kniet sich neben ihn, gerät gleichfalls ins Verzücktsein und tönt ebenso in tiefer Ergriffenheit: „Herr, oh Herr, vor dir bin ich nichts. Nichts bin ich vor dir!"
Der Kirchendiener, der im Gotteshaus währenddessen seiner Arbeit nachgegangen ist, bemerkt nun seinerseits die heiligen Männer. Er kniet sich neben sie, auch er fällt ins Verzücktsein und ruft tief bewegt: „Herr, oh Herr, vor dir bin ich nichts. Nichts bin ich vor dir!"
Dies hört der neben ihm kniende Gottesmann, stößt seinen gelehrten Glaubensbruder an und raunt: „Schau mal, wer da nichts sein will!"

Charmanter Witz
vorgetragen von Ramesh S.Balsekar
und nacherzählt von Johanna Neukirch

Leichtigkeit

Leichtigkeit ist keine Gabe oder Tugend, sondern das angestammte Recht der schöpferischen Urkraft, die wir alle sind. Sie geht indessen verloren im Ich der Familie, der Gesellschaft ... im persönlichen Ich des Weltenspiels.

Die Person kann keineswegs die Aussage treffen "Ich bin nichts!". Wenn sie dem nachspürt, dann stolpert sie immer über einen Inhalt. Und mit diesem Inhalt kämpft sie alsdann, im Guten wie im Bösen. Erst im Erwachen geschieht das Erfahren des großen unbeschreibbaren Nichts, aus dem alles hervorgeht.

Die tiefe Furcht, übervorteilt zu werden, beherrscht unser menschliches Empfinden für gewöhnlich jedoch nachhaltig. Sie ist sehr aufreibend. Aber so richtig zermürbend ist erst die anhaltende Übersetzung der frühen Erfahrungen, dass sie aufgrund der eigenen Fehler geschehen seien.

Der Glaubenssatz "Selber schuld!" belastet uns stark.

Und in der falschen Annahme, dass uns irgendjemand etwas schulde, wenn wir uns auf der Bühne des Erwachsenenlebens bewegen, mehren wir unser Leid. Keiner ist verantwortlich oder zuständig für die Behebung des projizierten Mangels.

Wir leben in Täuschung. Die stärksten Inhalte der mannigfaltigen Prägungen ziehen sich gegenseitig an. Ohne

Auflösung unseres Traumas leben wir die Wiederholung seiner emotionalen Inhalte und sind unglücklich miteinander verbunden. Wir sind übervorteilende oder übervorteilt werdende Persönlichkeiten, welche dieselbe Resonanzfrequenz ausweisen. Extrovertierte und introvertierte Form sind nur unterschiedliche Ausformungen der Programmierung.

Die Mitte zwischen Extraversion und Introversion fühlt sich dagegen leicht an. Sie besteht darin, einfach zu *sein*.

Im präsenten Dasein lösen sich die Begrifflichkeiten auf. Wir sind einfach da. Und diese Erfahrung liegt jenseits des Erlebens, zu übervorteilen oder übervorteilt zu werden, und ist nichts Drittes.

Bleiben wir dagegen im alten Stressmodus von Angst und Schuld, so können wir allerhöchstens Zeiträume erleben, in denen die alten Angst- und Schuldgefühle nicht ausgelöst sind.

Wird das Ausmaß des prägenden Erlebens tatsächlich erfasst, so kann erkannt werden, was damals war und niemals mehr sein wird. In der Anerkennung der unterdrückten Gefühle lassen wir sie los und schaffen Platz für neue Ausrichtung.

* * * * *

Ich bin immer richtig

Wenn Lieschen Wunderbar das Denken pflegt "Ach wäre ich doch schöner, dann hätte er mich lieb!", dann ist sie im Rückschlusswahn verloren.

"Ja wenn ich liebreizender wäre, dann liebte er mich. Wäre er nicht so traurig. Müsste er nicht so leiden! Aber ich bin ja nicht gut genug. Also geht es dem Armen schlecht!": Infolge dieses Fühlens und Denkens liegt es nahe zu überlegen, ob diese Mangelhaftigkeit mit Leistung zu kompensieren sei.

Und irgendwann ist Lieschen Wunderbar schließlich Generaldirektorin, aber der verinnerlichte Vater sieht immer noch genauso niedergedrückt aus. Dann greift sie womöglich zu Drogen. Schnupft Schnee. Dass es um Schnee von gestern geht, wird dabei nicht gesehen. Und wenn sie nicht gestorben ist, dann schnupft sie noch heute.

Die Lösung besteht darin, des Vaters Schicksal zu achten und sich nicht darauf zu beziehen.

Ich bin immer richtig. Und wenn ich beginne, etwas anderes zu glauben, dann geschieht mir danach. Und so gehe ich scheinbar in der persönlichen Realität verloren. Also wach auf und sei frei.

* * * * *

<u>8</u>

Sprach der Vater zum Sohn: „Kannst du nicht endlich stillsitzen!" Viele Jahre später zieht es den erwachsenen Sohn zu dem ins reine Gewahrsein Erwachten, um endlich in der Stille zu sitzen. Befreit zu sein vom Lärm des Fühlens und Denkens gemäß der erfahrenen und selbst erworbenen Konzepte.

R.N.

Entspannung in die Gegenwärtigkeit

Es ist für unseren Weg ins klare Wahrnehmen und Empfinden immens wichtig, dass wir auftretenden körperlichen Spannungsschmerzen und anderen Symptomen achtsam begegnen. Oft sind sie nichts anderes als ungeheilte verbitterte innere Kinder.

Die alte Überzeugung, im optimalen Lebenskonzept Gesundsein, Zufriedensein, Erfolgreichsein, Glücklichsein herstellen zu können, versetzt uns in permanente Anspannung. Fehler zu machen können wir uns in ihr nicht leisten. In den Alltagsgeschäften behandeln wir keine alltäglichen Probleme wie bspw. die Bewältigung des Haushalts oder der Bankgeschäfte, sondern das von uns empfundene Lebensproblem. Und im Körper hakt das straffe Verhaltensprogramm als Dauerstress fest, welcher nicht mehr richtig wahrgenommen wird.

Aus dem wahnsinnigen Anspruch an uns selbst, zu wissen, wohin uns die eigenen Entscheidungen führen werden, erwächst höchster Stress. Dieser ist viel schädlicher als jede suboptimale Entscheidungsvariante. Das negative Volumen einer schlechten Entscheidung kann in der Regel nicht so groß sein wie der Dauerstress im Überlebenskonzept, was uns in der Regel jedoch verborgen bleibt.

Auch wenn wir noch so gut unterrichtet sind: Uns aufgeklärten Menschen geschieht wider besseres intellektuelles Wissen nach unserem innersten Glauben.

Dieser tiefste Glaube entsteht zumeist in einer sich unerträglich anfühlenden Lebenssituation. Jedenfalls ist er der Inhalt gelebten Lebens in den Tiefen unserer emotionalen Realität. Ohne Loslösung folgen wir ihm bis ans Lebensende.

Loslösung bedeutet Entspannung in die Jetzt-Zeit. Als Kind tatest du seinerzeit das Bestmögliche. Das Zulassen und Akzeptieren dieser Wahrheit schafft es, die Überlebensstrategie eindeutig zu rehabilitieren. Und so darf sie jetzt abgelegt werden.

* * * * *

Das bin ich ja gar nicht!

Der tiefe persönliche Glaube besteht aus Lebensgrundsatzentscheidungen. Sie heißen bspw. "Das Leben ist ein Kampf!". Und "Beziehung ist anstrengend!". Und "Männer sind ... !". Und "Frauen sind ... !". Usw.

Sie wirken wie Dogmen. Deshalb gibt es an diesen Stellen keine Lernfähigkeit. Bis entweder eine neue Erfahrung zugelassen wird. Oder die Erkenntnis greift "Dieses innerliche Überzeugt- und Ausgerichtetsein bin ich ja gar nicht. Nicht wirklich!".

Aufgrund einer frühen prägenden Erfahrung bringt Karlchen Findig bspw. zum Ausdruck "Du legst mich nicht noch einmal rein!". Und begegnet dann jedem in dieser Haltung. Dazu liefert er eine Bekräftigung wie "Vorsicht ist die Mutter der Porzellankiste!". Er kennt sich ja jetzt aus. Und weiß, wie es geht. Und verpasst ab diesem Definiertsein jede vertrauenswürdige Beziehung.

Als ein solches Karlchen werde ich immer das hervorbringen, was ich in mir wahrnehme. Bis mein Misstrauen verbraucht ist. Oder ein anderes Wunder geschieht. Oder der Tod mich von diesem Grundsatz scheidet.

* * * * *

<u>2</u>

Nasreddin humpelt

„Einmal humpelte Nasreddin mühsam als sei er verletzt über die Straße. Er zog seinen rechten Fuß schleifend über den Boden und vermied es, ihn zu belasten. Was ist mit deinem Fuß geschehen, wollte jeder von ihm wissen.

Doch Nasreddin antwortete, dass der Fuß eigentlich zurzeit noch gesund sei. Er befürchte jedoch, morgen mit diesem Fuß in einen Dorn zu treten und wolle sich daher schon mal an die Verletzung gewöhnen."

Mulla-Nasreddin-Weisheit
aus "Einhundertundeine Geschichte von
Nasreddin Hodscha" von Jürgen Bosbach

Krise

Obwohl einem Impuls im wachen Wahrnehmen eigentlich gefolgt werden könnte, lässt die Verzweiflung "Mein Überlebenskonzept trägt mich nicht mehr!" den Sucher auf seinem Entwicklungsweg nicht sehen, was auf der ausgestreckten Hand des Lebens liegt. Wie schade.

"Je pique une crise!" ... "Alles, was ich errang, gab ich dir hin. Und dennoch verwehrst du mir den Einlass!": Dies wird von uns Menschen tatsächlich erlebt. Dabei wird jedoch nicht gesehen, dass wir uns mit einem Persönlichkeitsrest identifizieren. Es verhält sich keineswegs so, dass das Reich lebensvollen Erfülltseins für uns abgesperrt bliebe, vielmehr zieht uns ein unerlöstes Fühlen und Denken von innen zutück in unser Persönlichkeitswesen.

Die Tür zum reichen Gewahrsein steht immer offen. Die Prägestruktur holt uns indessen gleich der Schwerkraft auf den Boden der persönlichen Realität zurück. Auch wenn bereits Sand im Getriebe unserer Persönlichkeitsautomatik knirscht.

Ist im Zuge der Entwicklung in die wahre Identität das Kompensationsinstrument abhanden gekommen und hat sich im Anschluss aber noch keine alternative Form, im Leben zu stehen, aufgetan, so ist die alte Katastrophe gefühlt noch vorhanden. Zunächst sieht sich der Sucher einfach nur mit der Tatsache konfrontiert, im Überlebenskonzept die Lösung nicht geschafft zu haben. Das gilt es auszuhalten.

Lassen wir vom Kompensationsprogramm, in dem wir den Schmerz der Kindheit unter Verschluss gehalten haben, so befinden wir uns zunächst einmal im gefühlten Ausverkauftsein.

Wie kann ein Aufbruch ins Neuland nun aber aussehen? Wie kann bspw. einer, der bislang kein wirkliches Zuhause kannte und ausschließlich auf das feurige Pferd spontaner Begeisterung setzte, innerlich und äußerlich zur Ruhe kommen?

Die Krise, in der das Gewohnte – wie leidvoll auch immer es gewesen sein mag – durcheinandergeraten ist, birgt eine Chance und ein Risiko. Die gute Chance trägt den Inhalt "Ich schaffe aus dem Tohuwabohu etwas Leichteres, Heitereres!". Und das Risiko besteht in der Möglichkeit zum Entschluss "Ich baue das Persönlichkeitsgebilde wieder genauso auf wie es war, aber mit dem besseren Mörtel!". Innere Glaubenssätze wie "Ich hab's ja gleich gewusst!" und "Es wird ja eh nichts!" zementieren das alte Konzept. Seine Grundlage wird fester gestampft.

Geh durch deine persönliche Krise. Mach sie aber keinesfalls zum Maßstab. Denn darin bist du verloren.

* * * * *

Ich bin blanko

Das irdische Maß ist die Sonne. Und das menschliche Maß ist die Liebe.

Wenn es an Sonne mangelt, dann ist die Erde vereist. Sie bringt nichts hervor. Ihr Potential ist eingefroren. Und mit den Menschen und der Liebe verhält es sich genauso.

Wie man damals auf mich schaute, so werde ich leben und Mensch sein. Ein irdisches Dasein voller Liebe ist möglich. Und ein Dasein voller Destruktion ist gleichfalls möglich. Sowie jede Facette dazwischen.

In der Regel erlebe ich mich in der Beziehung zu den Eltern zudem als ausgeliefert. Und somit geht es in Beziehung immer auch um Macht. Dann ist es naheliegend, dass man auch mal am Drücker gewesen sein will. Gedemütigt worden zu sein ist der Motor für den Wunsch, das Empfinden von Genugtuung selbst zu kosten.

Die Begegnung zwischen Liesl Karlstadt und Karl Valentin im gleichnamigen TV-Film veranschaulicht das Wesen der Genugtuung. Der Bühnenkünstler gibt seiner Partnerin während eines Auftritts eine kräftige Ohrfeige. Liesl beklagt sich nach der Vorführung über die Wucht der Ohrfeige im Spiel. Und Karl Valentin setzt zur Erklärung an "Das war für die Reise in die Schweiz!". Liesl hatte sich mit ihrem Wunsch durchgesetzt, mit ihrem Partner auf Tournee zu gehen. Gegen dessen hartnäckigen Widerstand.

Auch der von seinem Vater hart geohrfeigte Karlchen Findig findet für seine rächende Gewaltaktion den passenden Bezugsrahmen. Im gefühlten Berechtigtsein "So, jetzt hau ich dir auch eine runter. Und zwar doppelt so fest wie ich es selbst erleiden musste!" stürzt er sich auf den Nächstbesten im projizierenden Possenspiel.

Machtgenuss bringt indessen keine anhaltende Zufriedenheit. Im Gegenteil. Und dann meine ich Menschenkind, dass das Opfer schuld sei. Und dass es besser würde, so ich es noch stärker träte.

In der Regel lebe ich nur soviel Liebe, wie es zu Hause erlaubt war.

Was ist nun aber eigentlich die Liebe? Liebe besteht darin, blanko zu sein. Also ohne das Festgelegtsein durch das, was zu Hause nicht erlaubt war zu sein. Zu haben. Und zu handeln.

* * * * *

<u>10</u>

Personsein ist wie das Erfinden eines Spiels mit festen Spielregeln. Diese Regeln gelten natürlich nur innerhalb des definierten Spiels. In der Anerkennung, dass deine Persönlichkeitsstrukturen nur selbst entwickelte Spielregeln sind und keinesfalls deine wahre Natur, kannst du das Persönlichkeitsspiel jederzeit beenden, du Sein auf Erden. Es ist lediglich ein Konzept, dass man als die jeweilige Person auf bestimmte Weise fühlen und denken müsse, sonst nichts. Allein daran, dass die Konzepte mitunter dermaßen verschieden sind, kannst du bemerken, dass spezifisches Fühlen und Denken nur relative persönliche Wahrheiten sind.

R.N.

Entlastung

"Ich konnte gar nicht anders als Kind, mein Sosein war adäquat und legitim!" ist *die* wesentliche Erkenntnis.

"Es geschah Reaktion in mir. In dieser Wesenheit!": Wird dieser Inhalt wirklich zur Einsicht, so reicht diese aus, um wieder ins helle Einssein zu fallen.

Die Person ist das älter gewordene Kind. Und wird dieses Kind als vollkommen legitimes Reaktionsmuster auf Erwachsene und Umstände der Kindheit anerkannt, so bricht das persönliche Spannungsfeld zusammen und geht ins Einssein über. Es fällt zurück in den stillen Urgrund. Wir brauchen das persönliche Fühlen und Denken nicht länger im Sein auf Erden. Die entwickelten Konzepte erfahren eine völlige Inflation.

Voraussetzung für den entscheidenden Schritt ins neue Bewusstsein ist die Erkenntnis, dass das Unrecht wirklich hoch ist, was Kindern in Form der Prägung widerfährt.

Das Ausgeliefertsein an die einst mächtigen verkennenden Erwachsenen macht die Kindheit häufig zu einem angstbesetzten Lebensraum. Fühlen wir als Erwachsene das uns widerfahrene Unrecht in vollem Umfang, so fühlen wir in aller Regel Katastrophe. So groß war die damalige Not.

Als Gegenmaßnahme zum frühen katastrophalen Erleben entwickeln und erbringen wir als Kinder die Denkleistung, das entscheidende Stück Lebensqualität zu definieren und zu bewahren, damit sich Leben lebenswert anfühlen kann. Wir befähigen uns bspw. zu einem Verhalten oder Handeln von unserer kindlichen Seite, welches ein Zugeständnis von der Erwachsenenseite bewirkt, und im gewonnenen Freiraum können wir tatsächlich ein bisschen sein. Den hohen Stress, diese gefühlte Entlastung bewerkstelligen zu müssen, bewältigt unser Organismus oft, indem er das komplexe Fühlen kappt bzw. reduziert.

Nicht länger im bewährten Überlebenskonzept funktionieren zu können *und* sich das ganze Fühlen wieder zugänglich gemacht zu haben kann in der Jetztzeit eine Not auslösen, die gefühlt wieder genauso hoch ist wie die tatsächliche Not der Kindheit.

Die gegenwärtige Situation verschärft sich im Erleben eventuell sogar noch. Was früher eine optionale Nottür aus der Bedrängnis darstellte, mutiert im Kontext der eigenen Familie möglicherweise zum egoistischen Akt. Im Angesicht des eigenen Kindes muss bspw. die tröstliche Vorstellung fallengelassen werden, das unerträgliche Lebensgefühl mit dem Freitod schlagartig zu beenden. Aber auch mit unserer bloßen Befindlichkeit prägen wir das Kind sowieso schon. Gefühlt haben wir also keine Wahl. Unser leibliches Kind gerät in den Sog der Auswirkung unseres Geprägtseins.

Wenn wir im scheinbar unumgänglichen Fühlenmüssen der düsteren Gefühle verzweifelt nach Möglichkeiten suchen, diesen schlimmen emotionalen Zustand zu beenden, dann erlöst uns das Mittel der Wahl: entweder permanent im reinen Wahrnehmen zu sein. Oder unsere Struktur zu verändern ... um sie letztlich der Auflösung zuzuführen. Im reinen Sein ist jedenfalls keine Not.

"Die Leute, an denen sich meine alte Angst vor erneutem Ausgeliefertsein auslöst, sind für mein Leben tatsächlich relativ unwichtig.": Wenn wir diese Gegebenheit realisieren, dann sind wir frei.

Die Veränderung der Denkstruktur von "Ich muss ... !" in "Ich darf ... !" bringt jedenfalls echte Entlastung.

* * * * *

Mein Pfund Leben

Es gibt die irdische Wahrheit in jeder persönlichen Geschichte.

Ich kam auf die Welt. Begegnete dem und dem. Und es passierte das und das. Und daraus folgte, dass ich mich so und so wahrnehme und verhalte. Genau dieser Ablauf geschieht bei allen Menschen.

Es gab ein Geschehen und dementsprechend verhalte ich mich: Daran ist *nichts* verkehrt. Wenn ich das ganz nehmen kann, dann bin ich frei. Dann kann ich die eingeübte Aufmerksamkeitshaltung – ja ich *muss* sie – streichen, die bspw. den Inhalt trägt "Es wäre besser gewesen, ich hätte nicht ... !".

Aber bevor sich diese Bewusstwerdung in Gang setzt, konditioniere ich mein eigenes Kind auf die Art und Weise, wie es mir in meinem inneren Glauben entspricht. Wie denn auch sonst? Ein anderes Spektrum ist nicht vorhanden.

Missbrauch ist immer total. Auch wenn er scheinbar gar nicht so schlimm war. Und das Missbrauchen gibt es nicht nur sexuell. Manche tragen mehrere Arten. Wer gehört dazu? Der hebe die Hand!

Wenn ich mich in meiner Beschaffenheit nicht ans Licht getraut und mich selbst in ihr nicht gesehen habe, dann fühle ich mich immer zu schlecht. Zu dumm. Zu hässlich. Zu irgendwie.

Mein Gesicht. Meine Brust. Mein Geschlecht. Mein ganzer Körper ist in Wahrheit immer gut genug. Und es ist erlaubt, damit auch Spaß zu haben. Lust zu empfinden und sie zu erleben. Und wenn es nur noch vor dem Spiegel mit Strapsen geht, dann eben so.

Bin ich mir dessen gewahr, dass ich Leben über einen Umweg lebe – dass ich also verhindert bin – so kann das den ersten Schritt darstellen, mir Hilfe zu suchen. Bspw. bei einer der Anonymen Gruppen, die nach dem Vorbild der Anonymen Alkoholiker im Zwölf-Schritte-Programm zur Selbsthilfe schreiten. Erst wenn ich ein Bewusstsein für mein Verhindertsein entwickelt habe, steht mir die Tür zur Veränderung offen. Nur der Alkoholiker, der sein Problem verdrängt, ist darin verloren.

In und an mir ist nichts, was keine Berechtigung hätte. Natürlich darf ich mit all meinen Eigenheiten da sein. Die Regeln macht das Leben. Wer sonst? Und das Denken reglementiert.

Lieschen Wunderbar kommt auf die Welt. Und es ist knapp. Aber das Leben entscheidet "Du darfst sein!". Und so überlebt Lieschen. Und dann kommt bspw. eine dominante Mutter daher und spricht "Ich darf mehr sein als du, weil … !". Das Einzige, was Lieschen nun zu tun hat, besteht darin, in die klare Selbstverständlichkeit zu finden "Das stimmt ja gar nicht. Und inzwischen habe ich es bemerkt. Ich sollte mich nur zu des anderen Nutzen kontrollieren lassen. Da wirke ich nun aber keinesfalls mehr mit!". Und was Lieschen Wunderbar daraufhin tut, ist völlig egal. Hauptsache, es gefällt ihm und dem ihm innewohnenden, wachen Geist.

Ich erlaube mir innerlich, meinen Bedürfnissen Raum zu geben. In Bildern zu schwelgen, die meinem Fühlen und Denken entsprechen. Ich bin weit davon entfernt, nur Heiligenbildchen in mir zu tragen. In der erzwungenen Ausschließlichkeit sind sie mir natürlicherweise zuwider. Erst wenn die elementaren Bedürfnisse gesehen und geachtet sind, kann ich mich dem Wesentlichen zuwenden.

Wie viele Homosexuelle gab es wohl, die gar keine Beziehung lebten, weil es nicht ging in der Angst vor gesellschaftlicher Ächtung?

Egal, was in mir ist: Wenn ich es verneine bzw. wegdrücken muss, dann kann ich nicht loslassen. Darüber hinaus lebe ich auch noch in der Furcht, in die eine oder andere Richtung zu explodieren, so ich mich ans Freigeben traue.

Wenn ich schon meine Phantasien nicht zulasse, dann weiß ich ja gar nicht um mich. Und wenn ich dann feststelle "Aha, ich bin pädophil!", dann begebe ich mich in einen heilenden Rahmen, in dem ich sein darf, und lasse mich durch mein der Pädophilie Zugeneigtsein hindurchbegleiten.

Es geht immer nur um verhinderten Liebesfluss. Um den gestockten Energiefluss.

Was auch immer in mir sein mag: Es ist jedenfalls okay. Wie schwarz es auch sein mag, so ist das mir Innewohnende doch immer richtig in dem Sinne, dass es eine adäquate Ursache hat.

Wenn ich an diesem emotionalen Erkenntnispunkt nicht angelangt bin, dann kann ich mir keine Hilfe holen, um das Stagnieren des Energieflusses zu lösen. Also muss ich in den klaren Ausdruck kommen "Hallo, mir ist das und das passiert. Und daraus folgt, dass ich so und so geworden bin. Bitte helfen Sie mir. Sie Therapeut. Facharzt. Oder Lebensbegleiter!".

Ansonsten bin ich nur die Verkörperung des Verwerflichen und kann mich nirgendwo blicken lassen. Und dann wird der Druck immer höher. Und wenn keiner guckt, dann schlage ich zu. Bspw. in der Verkleidung des freundlichen Onkels beim Fangenspielen und Ringelreihen.

Die ganzen sogenannten Abartigkeiten sind eine Verschiebung der natürlichen Bedürfnisse im Menschsein, sonst nichts. Hat mich bspw. nie einer angefasst, dann ist es naheliegend, dass ich später hart hergenommen werden will.

Konditioniert zu werden bedeutet zu nehmen, was man kriegen kann.

Als Menschenkind nehme ich von denen, die vor mir waren. Gleichviel ob in Entsprechung oder in Rebellion zu den bestehenden familiären Konzepten. Und will ich diesen Fakt nicht wahrhaben, so kann ich von nirgendwo aus losgehen. Wenn mir eine wesentliche Facette in der Selbstwahrnehmung fehlt, dann stehe ich neben mir. Ich stehe nicht in meiner Kraft, wenn ich mich so verhalte, als gäbe es diesen Teilaspekt nicht.

Im "Ah ja, so bin ich geworden. Und so bin ich da!" befinde ich mich vielleicht in meinem speziellen Schrägsein, aber ich bin tatsächlich da. Und gemessen am Einzeller bin ich doch jedenfalls ein prachtvolles Exemplar.

Also nehme ich das Geschenk des Lebens. Und bin.

Das Bild vom Leben als einem Pfund Lehm bietet Griffigkeit. Dieses Pfund Lehm gibt sich immer weiter. Und bleibt immer nur *ein* Pfund. Durch Vaters Pfund und Mutters Pfund erhalte ich selber mein eigenes Pfund.

Und kann das natürlich gemäß meinem Empfinden formen. Mehr als dieses Pfund wird es nun aber nicht. Und
klar kann da einer etwas Geniales draus machen. Aber
die Genialität war auch schon vorher im Pfund Lehm
enthalten.

* * * * *

<u>11</u>

Meines Vaters seelisches und körperliches Kriegsversehrtsein fand in der totalen Kommunikationsverweigerung des Erwachsenen gegenüber mir Kind seinen prägenden Ausdruck. Ich konnte mir nur ausmalen, *was* alles an mir verkehrt sein musste: Er ließ mich einfach im Regen stehen.

Mich als kleines Mädchen ins helle Sonnenlicht zu stellen und in der goldenen Wärme mein wahres Zuhause zu spüren ... in der Sonnenlichtbahn im See zu schwimmen und unvermittelt in die Ekstase reinen Gewahrseins hineinzufallen: Das Sauwetter in meinem Leben fühlte sich so verkehrt an, dass die gefühlte Not solche Durchbrucherfahrungen ins Einssein hervorrief.

J.N.

Sauwetter

Der einzige Wert der persönlichen Struktur besteht darin, dass sie uns in der Kindheit die Illusion gab, zurechtzukommen, obwohl wir in Wirklichkeit Spielball waren. Und dafür gilt es uns und ihr zu danken.

Die Persönlichkeitsstruktur hatte Geltung, um uns über unsere Ohnmacht hinwegzutäuschen. Wir entwickelten sie für uns. Im besten Sinne.

Wenn das Persönlichkeitsprogramm nun aber Jahrzehnte gelebt ist, wie schal ist es doch dann geworden. Im Überlebenskonzept ist das ganze Leben frühzeitig aufgebahrt. Deswegen lohnt es sich, durch die Angst hindurchzugehen, die persönliche Trutzburg zu verlassen. Im Erwachsensein genügt in aller Regel ein nüchternes "Stopp!", um uns fremder Übergriffe zu erwehren. Bei "Angriff" sind wir in der Emotionalität aber wieder ca. fünf Jahre alt und stehen vor den Erziehern.

Bspw. machen sich streng reglementierende Kirchenlehrer diese innere Befindlichkeit der Menschen zunutze. Im Angesicht ihres erhobenen Zeigefingers fallen wir in die alte Furcht vor Sterblichkeit und Verkehrtsein und versenken reuig unser Geld im Klingelbeutel.

Die Angst des Kindes lebt hinter der Fassade des spezialisierten Erwachsenseins. Das Kind ist hilflos. Nach seiner Frage "Was macht mir mehr Angst?" wählt es das andere. In seinem Elend sucht es nach einem möglichst wenig angstbesetzten Weg, um zum eigenen Vorteil zu kommen. Und zum Schluss besitzt es zehn Ölfelder und ist unglücklich, denn eigentlich ging es immer um Nähe im Willkommengeheißensein. Letztlich um Einssein.

Im persönlichen Sein entwickelt jeder irgendeine Art von Bemühen und hält sich lebenslang auf einem Nebenschauplatz auf. Manche erkennen dann schließlich im Sterben, um was es eigentlich ging. Und kehren lächelnd heim.

Die Erkenntnis, die Liebe zu sein, ist so mächtig, dass sich das ganze Drama augenblicklich auflöst. Das ganze Leid ist ab sofort unwahr und nichtig. Es herrscht eine andere Realität: zack, befinden wir uns in der Sonne.

Die persönlichen Konzepte sind nur die Wolken, die sich in Reaktion auf die Schwierigkeiten der Menschwerdung gebildet haben. Im Sauwetter fühlt sich das Leben unter grauer Bewölkung aber verdammt echt an. Wir brauchen die Sonne im schlechten Wetter dennoch nicht aufzugeben und zu vergessen. Kinder erleben die Information, dass über den Wolken immer die Sonne scheint, als wunderbare Offenbarung.

"Ich lass die Wolken ziehen. Ich bin die Sonne.": Im Ausgerichtetsein auf diesen Bewusstseinsinhalt bewirken wir das Erwachen aus dem schweren Lebenstraum.

* * * * *

Ich bin das Erfahren

Schau doch: Es ist alles gut. Die Wolken sind nicht wichtig.

Der Verstand kriegt indessen nie genug. Er will immer mehr. Mehr Informationen. Mehr Erläuterungen. Mehr Beispiele. Mehr Assoziationen. Und wenn er meint, etwas verstanden zu haben, so freut er sich in seiner Reduzierung. Und gleichwohl ist er dem wirklichen Verstehen sehr fern. Die Identifizierung mit ihm ist es, was die ewig herrschende Realität des reinen Seins verdunkelt.

Und das Letzte, was er während des Loslösungsprozesses noch versteht, besteht im erleuchtenden Gedanken "Aha, *ich* bin die Bewölkung, ich muss weg!". Diese Aussage entspricht dem letzten verstandesmäßigen Erkennen.

Und dann. Dann kommt ein Gedankenstrich – und nach dieser bedeutungsvollen Pause kommt er zu irgendeiner Bekundung im Sinne von "Ja aber nein, das geht ja nicht. Ich arbeite unbeeindruckt weiter!".

Jeder Nichterfahrende ist daran erkennbar, dass er tönt "Ah, ich hab's!". Denn die Essenz des Erfahrens lautet ja "Im Erfahren existiert kein Habender!".

Nur *ein* Gewahrsein herrscht. Und ob nun mit viel oder wenig materiellem Besitz gepaart ist unerheblich. Das Empfinden, ein Besitzender zu sein, verschwindet sowieso im klaren bewussten Sein. Und trotzdem wird mit sogenanntem Besitz selbstverständlich umgegangen.

Das kleine Kind, welches vor einem Bagger steht, erlebt ein faszinierendes Wesen voll kolossaler Kraft. Es staunt. Und sieht Gott, den Bagger, bei der Arbeit. Das denkt es aber nicht, sondern es ist das personvergessende Schauen. Es ist ganz da. Nimmt ganz wahr. Ohne das Persönlichkeitsnetz, welches es im schon früh einsetzenden Empfinden von Personsein geknüpft hat.

Ich schaue. Ohne Interpretation. Bin ganz präsent. Bin reines Gewahrsein als Schauen.

* * * * *

<u>12</u>

„Die Mitte der Seele ist der Weinkeller, den Gott uns betreten lässt, wann es ihm gefällt und wie es ihm gefällt, um uns in dieser wunderbaren Vereinigung mit dem köstlichen Wein seiner Gnade auf heilige Weise zu berauschen, ohne dass wir unsererseits anders dazu beitragen können als durch das völlige Anheimgeben unseres Willens."

Teresa von Ávila

Mystik

Aber ist es nun tatsächlich unser Ziel, uns der fortdauernden Erfahrung der Wirklichkeit ganz anheimzugeben, in der die persönliche Welt tatsächlich überwunden ist? Die auf dem Weg sind fallen häufig zurück, was das Leid dann noch vergrößert. Ins Verrücktsein abzubiegen ist bspw. immer auch möglich.

Konträr zum bisweilen leidvollen Prozess mühseligen Erwachens wollen wir Menschen den Pfeil direkt ins Schwarze schießen, aber leider sind wir in der Regel viel mehr Spielball unserer Prägungen als wir meinen.

Unsere Familienbande sind "das finstere Tal", in dem wir als geprägte Personen wandeln. In trauriger Konsequenz starten viele in den Versuch, die Welt zu meiden, was aber lediglich ein Konzept darstellt.

Wie muss bspw. die Kindheit eines Menschen gewesen sein, der als Vertreter einer Glaubensgemeinschaft einstudiertes Wissen für die Erziehung zur Strenggläubigkeit benutzt? Indem er sein intellektuelles Wissen unter Berufung auf einen lehrt, der die Erfahrung von Einssein verkörperte, praktiziert er eine gefährliche Mischung. Er befindet sich in der gleichen Haltung, in der bspw. eine Firmenleitung beim Vertrieb ihrer Produkte aus Beerenfrüchten auf den Werbeslogan setzt "Wir *sind* die herrliche Beerenfrucht!". Machtlose Unwissende heften sich die Macht geheimnisvoller Wachstums- und Reifungsprozesse lebendiger Früchte auf die Fahne. Genauso propagieren strenge Glaubensvertreter ihre Lehre in der Haltung "Wir sind die Heilige Kirche!". In Berufung auf die intellektuelle Auslegung von religiösen Schriften bezeichnen sie sich also als das, was ein wirklich spiritueller Lehrer vormals sprach, meinte und vertrat.

Ein wahrer Gottesmann hat Gott erfahren. Und nur ein solcher ist auch ein guter Kirchenmann. Alles andere ist von Übel. Wer sich an interpretierende Sätze hält, der wandelt im finsteren Tal. Jeder aufmerksame Bauer ist im Vergleich zu ihm ein Heiliger. Wer die Erde mit ihren Pflanzen erfährt, der ist der Schöpferkraft recht nah. Zwar treten auch innerhalb einer Religionsgemeinschaft echte Mystiker auf, die den Schatz reicher Gotteserfahrung darlegen, aber in aller Regel ist eine Kirche eine programmierende Instanz.

Nur ein die Menschen einender Glaube ist ein guter Glaube. Die Einheit des Glaubens bietet Frieden. Die falsche Vielheit des Glaubens bedeutet hingegen Krieg.

Das Erkennen und Begreifen des Wesens der Menschwerdung und unseres wahren Wesens kann uns Menschen geschehen. Wir sind einzigartig in der Vielheit des Gleichen: Das ist erfahrbare Mystik.

Das eine Sein – die ursprüngliche Lebenskraft – ist ein Fließen ohne Anfang und Ende. Und kommt es nun in diesem zeitlosen Fließen zu einem definierenden Erfahrenden, so bedeutet das eine scheinbare vorübergehende Erstarrung als Phänomen des persönlichen Denkens.

Mystikerinnen und Mystiker sind Menschenwesen, durch deren Funktionsapparate Erfahren ohne persönlich Erfahrende geschieht.

Sie bezeugen den ewigen unsichtbaren Energiefluss. Ja sie *sind* diese reiche strömende Energie. Der Wahrnehmungs- und Empfindungsapparat ist in ihrem Fall auf das klare Wahrnehmen und Empfinden ausgerichtet anstatt auf ein gedankliches Wertesystem.

* * * * *

Ich staune

Gott – die Schöpferkraft – ist Einheit. Nicht Vielheit.

Alles, was aus ihm hervorgeht – so verschieden es auch sein mag – ist untrennbar miteinander verbunden.

Das Denken kann dieses Verbundensein nicht wahrnehmen. Vielmehr betreibt es ambitioniertes Trennen. Klassifizieren. Systematisieren.

Wenn ich nun das Bekenntnis ablege "Ich gehöre dieser Religionsgemeinschaft an!", dann unterscheide ich mich damit sofort von anderen, die anderen Religionsgemeinschaften angehören. Und schon herrscht Trennung. Und ich bin dem Glaubenskrieg recht nah.

Sei einfach da und staune. Dann ist Friede mit dir. Definitionen trennen. Glaub ihnen nicht.

Das Personsein ist ein riesiges Bündel von trennenden definierenden Erfahrungen, denen es dann gerecht werden muss. Das bedeutet höllisches Angestrengtsein statt himmlisches Friedvollsein.

* * * * *

13

Das Persönlichkeitskonzept gleicht einem Longboard. Als ein Longboardfahrer ist man auf einen geeigneten Untergrund angewiesen. Der Spielraum ist also begrenzt auf die Möglichkeiten des Boards. Das Befinden im festen Personsein gleicht einer Fahrt auf einer leicht abschüssigen Strecke, während der man mit beiden Füßen fest auf dem Board steht. Ab einem bestimmten Entwicklungspunkt steht man dann nur noch mit einem Bein auf dem Board, kann sich also abstoßen, kann bremsen, kurven und anspruchsvollere Strecken bewältigen. Gleichzeitig erreicht man damit einen kritischen Punkt. Das Erleben fühlt sich zwar noch persönlich, aber schon viel freier an. Es bildet den Zustand des falschen Propheten ab. Das zweite Bein nun auch noch vom Brett herunterzunehmen bedeutet, das Brett zu verlieren. Und wahrhaftig frei zu sein.

R.N.

Gerne

In einer befreiten Emotionalität geschieht es uns, dass wir selbstverständlich gerne in der Welt sind.

Je mehr wir Menschen das Von-Herzen-gerne-in-der-Welt-Sein erfahren, desto eindeutiger finden wir in die Erlaubnis, uns voll und ganz zu spüren. Und umgekehrt: Je deutlicher wir uns selber spüren, desto lieber und selbstverständlicher sind wir da. Wir erfahren uns als wunderbaren Wahrnehmungs- und Empfindungsraum.

Wenn wir uns selbst erkannt haben, dann sind wir frei vom Groll, der die Menschen im Wettstreit um die bessere Planungs-, Handlungs- und Lösungskompetenz erfüllt. An anderen Menschen, die in ihrem persönlichen konzeptualisierenden Fühlen und Denken agieren, ziehen wir im klaren Selbstverständnis vorüber, dass uns nichts Menschliches gänzlich fremd sein kann. Ohne Zensieren bleiben wir im eigenen Energiefluss.

Das breite Spektrum menschlichen Verhaltens ist dem vertraut, der sich selbst ganz erfahren hat. Ohne unser Zurückschrecken und Unszurückziehen im Befremdetsein bzw. ohne unser von Angst gesteuertes Attackieren besteht echte unangestrengte Bewegungsfreiheit.

Vorsicht: Für das Gefühl, sich immer weiter verbessern zu müssen, werden sich immer Beweise finden. Im lösenden Bild begehen wir einen sommerlichen Weg. Pflücken zunächst einmal reife Heidelbeeren am lin-

ken Wegesrand, naschen als nächstes ein junges Löwen-
zahnblatt zu unserer rechten Seite, kosten dann schließlich am Ende des Weges süße Himbeeren. Sind wir beim
Pflücken dieser Früchte angekommen, so heißt das nun
aber nicht, dass wir in unserem früheren Verhalten verkehrt gewesen wären. Wir sind immer richtig. In der
Aussage "Ich habe mich verbessert!" wartet schon der
nächste Mangel. Deren Inhalt fühlt sich vor allem nach
festem Personsein an: Das ist der springende Punkt.

Im Erfahren des reinen Seins können wir im lebendigen
Augenblick irgendetwas Beliebiges tun ... etwas jenseits
aller Konventionen.

Liebe dich so, wie du bist. Verlier dich in diesem Liebes-
empfinden. Und kehr nicht mehr daraus zurück.

* * * * *

Ich bin das Größere

"Ich bin besser als du!" ist der Ursprung allen Leidens.

Hierzu gibt es viele Schattierungen. Cooler. Schöner.
Schlauer. Größer. Höher. Weiter. Mehr. Oder Beleidigter.
Verzweifelter. Deprimierter. Was indessen im Bewusst-
sein, das eine Sein zu sein, auf gar keinen Fall geht.

Ich gehe immer durch die Tür, die ich mir öffne. Es gibt
ja nur das Eine mit den vielen Entfaltungszweigen. "Ich
bin im Glück!" heißt demzufolge "Ich habe die Tür ins
Glücklichsein für mich und vielleicht auch für andere

Wahrnehmungs- und Empfindungszentren geöffnet!".

Die im letzten Sommer erfahrene Rose. Wo ist sie nun? Sie ist hier. Jetzt. In mir. Sie ist präsent in meiner Präsenz. Ich bin der Erfahrungsgrund. Also weit mehr als eine definierte Person.

Das erfahrene Rosenblütenblatt ist vermodert. Und doch ist es noch da. In meinem Gewahrsein. Was ich bin. Ich bin das reine Sein, in welches sich das Personsein hineinbettet.

Die Schöpferkraft. Das reine Sein. Es ist immer gleich viel. Und wird nicht weniger oder mehr. Mal erscheint es als Blume. Und mal als Person. Aber es ist immer die gleiche Größe. Ein allumfassender kosmischer Wert.

Also wozu abgeschnittenes Personsein? Wie kann ich mich nur aufs Personsein fixieren, wenn ich mich doch erfahren lasse, dass die Rose noch zugegen ist? Wer bin ich? Doch offenbar dieses Energiefeld, das Rose und Person und alles andere hervorbringt. Im begrenzten Personsein habe ich mich nur getäuscht. Schenkte bspw. den sogenannten Anderen viel zu viel Gehör.

Also nehme ich mich wieder ganz wahr, ich Energiefeld, was auch die Rose hervorbringt. Und das geht nur im reinen Gewahrsein, also wenn der Habende verschwindet.

Der Habende ist durch alles, was er hat und was er nicht hat, begrenzt. Das Sein indessen ist unbegrenzt.

Und dieses Erfahren geschieht, wenn der Seiende ins Gewahrsein hineinfällt und im Beobachten aufgeht.

Der sogenannte Weg verläuft in der Regel so, dass der Sucher erkennt. Auf der ersten Stufe "Ich habe. Und zwar in erster Linie Angst!". Und auf der zweiten Stufe "Ah, ich habe ja gar nicht, ich bin. *Das* bin ich also: ein anderes neues Erfahrungsspektrum. Und darüber hinaus bin ich dieses füllige Nichts!".

Aber erst, wenn der Sucher in diese Erfahrung hineingefallen ist, herrscht reines Sein. Und dann ist völlig klar, dass die Rose nie vergeht, sondern nur die äußere temporäre Erscheinungsform.

Ich bin "das Größere", aus dem alles hervorgeht.

* * * * *

<u>14</u>

Der Schneehas' liebt die weißen Flocken,
drum trägt er weiße warme Socken.
Durch kühle Wellen düst der Fisch,
das hält ihn jung und herrlich frisch.
Der Sauerklee schmeckt fein und lecker,
das kleine Schwein wird immer kecker.
Der Frosch springt hoch und streckt die Beine,
grün schimmert er im Sonnenscheine.
Goldene Sterne sprühen Funken,
Die süße Maus ist ganz versunken.

Fließende Freude.
Quirlige Meute
tanzt im Mond- und Sonnenlicht,
Lachen springt aus jedem Gesicht.

J.N.

Jemand

Personsein bedeutet, sich im altbewährten Zurechtfindungskonzept abzumühen.

Und in aller Regel reiben wir uns primär daran auf, dass wir noch in eine Gruppierung vermeintlich artverwandter Seelen vorstoßen wollen, um die langersehnte Bestätigung endlich zu finden. Das Unterfangen "Bemühen um Zugehörigkeit und Anerkennung" mit der Zielsetzung, in der menschlichen Gesellschaft doch noch zu einem wirklich erfolgreichen Jemand zu werden, macht uns tatsächlich aber zum bedeutungslosen Niemand.

Oute dich im authentischen erneuerten Personsein. Settel dich in der Gewissheit, als wahrnehmungs- und empfindungsfähiges lebendiges Geschöpf vom einen reinen Bewusstsein durchdrungen zu sein. So geschieht die Überwindung der Scheu, von eigenen Erlebnisinhalten zu sprechen. Oder zu schweigen.

Oute dich als das, was du spürbar bist, und werde zu einem echten "Jemand". Zu einem autarken Zentrum, das im klaren Wahrnehmen und Empfinden steht und also vom Licht reinen Bewusstseins erfüllt ist. Die Aufhebung der Spaltung macht dich ganz und es herrscht immer das eine Jetzt. Handeln geschieht aus dem Augenblick heraus. Und die Angst vor Leben und Sterben vergeht.

Im Wahrhaftigsein bist du ein "Jemand". Ein Wahrnehmungs- und Empfindungsapparat mit der Befähigung zum bewussten Agieren und Reagieren in eigener Färbung. Du bist ein Zentrum mit eigener Erlebnisfähigkeit, in dem ewiges Gewahrsein herrscht.

"Boah, bin ich toll!": In diesem wachen Empfinden liegt eine Freude, die übers Personsein hinausgeht. Sei sie ganz. Du musst nicht ins persönliche Leben zurückkehren, ein solches Gebot steht nirgendwo geschrieben.

Die reine Freude im Erleben "Boah, was bin ich für ein schönes Wesen!" ist unschuldig. Ist grenzenloses Nicht-Person-Sein. Die Liebe. Das reine Sein.

Bleibe wach und klar: Im emotionalen und mentalen Rückschluss "Ich habe mich gefreut und morgen bin ich dann ein noch tollerer Hecht!" schlägst du erneut auf im harten Personsein.

* * * * *

Friede ist mit mir

Ich bin in meiner klaren Wahrnehmungs- und Empfindungskraft zentrierte Lebendigkeit. Im Hier und Jetzt. Pure Präsenz. Anders gesagt: Friede ist mit mir und den Meinen.

Das menschliche Verrücktsein – das aus der Wahrheit Gerücktsein – wird immer offensichtlicher. Die elektronischen virtuellen Welten zeichnen es ab. Die Wesenheit mutiert zum Krieger mit fünfundzwanzig Leben: fernab der weltlichen Realität.

Wie viel Entfremdung braucht es denn noch, damit genug Sehnsucht nach Wahrhaftigkeit gespürt wird? Hysterie und Burn-out-Syndrom verbreiten sich. Zeit zur Heimkehr!

Und plötzlich erschallt der Mutter Ruf "Das Essen steht auf dem Tisch!". Und egal, wie weit Karlchen Findig von zu Hause entfernt ist: Karlchen kehrt heim. Und der ganze Wahnsinn im beklemmend echten, fulminanten Persönlichkeitsspiel bricht in sich zusammen.

* * * * *

<u>15</u>

„Denk ich, so bin ich! Wohl!
Doch wer wird immer auch denken?
Oft schon war ich, und hab wirklich an gar nichts gedacht!"

Goethe

Sein und Haben

Schlussendlich besteht für uns Menschen keine Notwendigkeit, alles bis ins letzte Detail zu hinterfragen, um noch besser erklären und verstehen zu können. Ruhe kehrt ein ins hektische Gemüt, wenn das Denken seinen Platz als ein mögliches Instrument des einen Seins erkennt und einnimmt.

Im menschlichen Dasein geht es keinesfalls um intellektuelle Allwissenheit, sondern um allumfassende Gewissheit, die nichts benennen muss.

Vordergründige Allwissenheit erwächst aus dem Ansinnen, alles zu benennen und zu kontrollieren, was in der Erscheinungswelt existiert. Gewissheit hingegen entfaltet sich aus dem Verlangen, zu erfahren, was wirklich ist. Immer und ewig.

"Wer bin ich in Wahrheit?" ist die größte aller Fragen.

In der Kindheit kippen wir auf dem Weg ins Menschsein in den Glauben der maßgeblichen Erwachsenen. Zugehörigkeit bekommen wir zu dem Preis, ihrem Glauben zu folgen, was sich unumstößlich bindend und unbeweglich anfühlt. Im festen Glauben der prägenden Erwachsenen fühlen wir uns wie Hänsel und Gretel im finstren bitterkalten Wald. Wir meinen, keine Wahl zu haben. Erst in der Auflösung dieses Glaubens finden wir in einen undogmatischen Ausdruck, was sich lebendig und freudig anfühlt. Die Knusperhäuschen der manifestierten Welt werden zum echt süßen Wahrnehmungs- und Empfindungserlebnis.

"Ich bin da, bin reines <Ich bin>!" ist die reine Wahrheit und viel stärker als jedes Dogma.

In der klaren Wahrnehmung der Wirklichkeit sind wir wirklich ganz da – schlicht und einfach da – ohne dogmatisch sein zu müssen. Sowie wir unsere Hauptidentifikation woandershin verlagern, sind wir im Leid.

Kippt bspw. ein Seiltänzer zu weit nach rechts, so braucht es den Impuls, das Gewicht nach links zu verlagern. In der heftigen Bewegung nach links droht gleichfalls der Absturz. Sich mit der Balancierstange im Gleichgewicht zu halten ist die hohe Seiltanzkunst. Und Meisterschaft bedeutet dementsprechend, sich an der wahren Identifikation mit dem fülligen Nichts festzuhalten und somit in Balance zu sein. Bis dass der Jemand, der sich dort festhält, verschwunden ist.

Zum ausgeglichenen Abschreiten des Lebenswegs lass die Klarheit zu "Im Sein – erste Position – *und* Haben – zweite Position – bin ich zu Hause.".

Wir sind. Das Haben kommt nur hinzu. Sobald wir nur das Haben spüren, sind wir wieder Person, die ab und an Ausflüge macht ins Sein.

Sein und Haben bedeutet Menschsein im Sinne von "Ich bin und da ist!". In ihm bleibt das klare Bewusstsein "Ich bin das All-Eine!" trotz der materiellen Welt erhalten.

Die Klarheit "Ich bin und da ist!" gleicht dem Bewusst-seinszustand des kleinen Kindes, welches noch keine Persönlichkeitsausformung durchlaufen hat. Es findet bspw. in die Bekundung "Lieschen sitzt im Sandkasten. Und da ist die Schippe. Und da ist Sandschippen!". Ein Empfinden wie "Ich Armes muss nun Sandschippen!" kann in diesem Bewusstsein nicht bestehen.

Schipp Sand und verzichte auf den Status "Ich Armes muss Sandschaufeln!". In der fortdauernden Anklage der Eltern, der anderen und der Welt musst du indessen arm bleiben, ansonsten hättest du gar nichts, was du vortragen und beweisen könntest.

Das reine Sein auf Erden hat die Freiheit zur Frage "Warum nicht?". Und erhält es das Angebot, im Schlachthof zu arbeiten, wird es die Ungebundenheit spüren "Warum nicht ablehnen?". Das reine Gewahrsein folgt der Liebe. In ihr herrscht kein Zwang. Wenn du dahinein ganz loslässt, dann *bist* du das Liebesein. So-lange im Empfinden von Abgetrenntsein noch zwei vor-handen sind, werden auf helle Phasen immer auch dunkle Abschnitte folgen.

* * * * *

Wer bin ich im Angesicht des Todes?

Sobald ich wieder nur das Haben spüre, habe ich mich verloren.

Heimkehr bedeutet reiches Seinsein. Auch im Haben der Welt. Jedoch kommt es im Haben der Welt scheinbar abhanden.

Wer bin ich im Angesicht des Todes? Sein oder Haben? Haben oder Sein? Im reinen Gewahrsein ist keiner mehr da. Also, Tod, wo ist dein Schrecken? Jetzt lebe ich hier noch ein Weilchen. Und dann bin ich wieder ganz da. Ohne die Reduzierung durch die Körperlichkeit.

Nichtsein gibt es nicht. Nach dieser Erfahrung hat Hans keine Angst mehr. Und die Mama kein Hänschen. Das Drama ist aus. Und ich bin tatsächlich zu Haus.

Wie gestaltet sich nun aber das Leben? Wir lieben Dramen. *Wer* liebt die dramatische Persönlichkeitsausgestaltung? Gott selbst natürlich. Sonst ist ja niemand vorhanden.

Das Erwachen geschieht oft schrittweise. Der Erwachende verschwindet immer erneut im persönlichen Drama. Taucht wieder auf. Und wieder ab. Bis er dann schließlich wieder ganz befreit ist von der Anhaftung an der vertrauten Persönlichkeitsstruktur.

* * * * *

<u>16</u>

Freifahrt im Karussell

Fritzchen bekommt zur ersten heiligen Kommunion einen Rosenkranz geschenkt. Nun sollen alle Kinder ihren Rosenkranz in den Religionsunterricht mitbringen. In der Pause spaziert Fritzchen im Schulhof umher und lässt die Hand mit dem Rosenkranz kreisen: Vergnügt versetzt er die Gebetskette in wilde Rotation.

Plötzlich steht der Pfarrer vor dem Jungen und ruft entsetzt: „Was tust du denn da? Das kannst du doch nicht machen! Höre, Fritzchen, in jeder einzelnen Perle deines Rosenkranzes sitzt der liebe Gott!"

Nachdem der Pfarrer den Schulhof verlassen hat, spricht Fritzchen verschmitzt: „So, ihr lieben Herrgöttchen, haltet euch fest! Jetzt geht's rund!"

Kleine Kostbarkeit

Portiönchen

Die Person, die gesunden will, lässt gleichwohl immer nur ein bisschen echte Heilung zu. Sie spürt sehr wohl, dass die umfassende Anerkennung ihrer emotionalen Realität sich tatsächlich vollziehende Genesung bedeutete. Tiefe Akzeptanz ist mit bedingungslosem Zulassen und Loslassen gleichzusetzen. Die bekannte Struktur, die nur als Reaktion auf das Verkanntsein entwickelt wurde, löst sich dann auf.

Heilung = Auflösung der bekannten Person = Erwachen ins füllige Nichts reiner Energie.

Die Person tritt nur zögerlich ins Licht der Wahrheit, in dem die Illusion vergeht. Äußerst zaghaft begibt sie sich bspw. in die heilende Gegenwart eines desillusionierenden Weisen. Der schöne Schein der Täuschung ist das Bühnenlicht, in dem sie nur zu gerne steht ... trotz Weh und Ach.

Der hungrige Sucher nimmt nur kleine Wahrheitsportiönchen in sich auf. Er hat Angst, zu finden, wonach er sucht. Erlösung aus der persönlichen Struktur heißt Auflösung der persönlichen Struktur. Ein Sich-fallen-Lassen, ein Sich-nicht-mehr-Auskennen will riskiert sein.

Übrigens verführt die Fragestellung "Wonach sucht der Sucher?" zur Täuschung. Die desillusionierende Formulierung "Wonach sucht das Sein im Sucher?" verweist hingegen auf die Wirklichkeit. Es handelt sich um das

Sein, was glaubt, eine Person zu sein, und welches Angst hat, eins auf den Deckel zu kriegen wie einstens.

Gewinn der wahren Identität = Verlust des vertrauten Empfindens, Person zu sein: Diese Gleichung macht Angst. Und nur wenn die Täuschung endet, vom sogenannten Andern getrennt zu sein, kehrt das Sein aus dem Getäuschtsein zurück ins wahre Zuhause.

* * * * *

Ich gleite

Ich nähere mich etwas, was wie eine Eisfläche erscheint. Glatt und haltlos schlittert es sich auf diesem Glatteis dahin.

Aber was, wenn das Gleiten zum Genuss wird? Es könnte schön sein. Soll ich es wagen? Was und wer werde ich sein als diese fließende Energie? Als das reine Sein auf Erden?

* * * * *

<u>17</u>

„Je mehr das Verständnis kommt, dass es kein "Ich" gibt, das Kurskorrekturen vornehmen könnte, desto schneller werden die Kurskorrekturen geschehen."

Ramesh S. Balsekar

Impulsgeber

Natürlicherweise hat das Körperliche immer Vorrang. Wenn einer hungert, dann beschafft er sich zuerst etwas zu essen. Nachdem alle Grundbedürfnisse abgedeckt sind, können wir den Impulsen folgen, die in uns auftauchen.

Welcher Impuls sich in uns wann wie festsetzen wird, können wir nicht willentlich von unseren Vorstellungen und Plänen ableiten. Bspw. wünscht sich jemand etwas Bestimmtes, geht entschlossen darauf zu, stößt unterwegs jedoch auf irgendetwas Überraschendes, und tut sodann etwas ganz anderes. Der Ausrichtungswechsel ist genauso gut möglich wie das Erreichen eines wunschgemäßen Ziels.

Etwas im irdischen Leben vorzuhaben ist jedenfalls gut. Wohin es dann führen wird, können wir niemals wissen. Dieses Nichtwissen gefällt uns Menschen keineswegs, aber so ist das Menschsein tatsächlich beschaffen.

Gleite: Halte nicht starr an etwas Ausgedachtem fest. Lass dieses Geländer der festen Konzepte los: Lass dich tragen.

Wir haben vergessen, dass wir das eine reine Sein sind. Angstvoll kämpfen wir uns infolgedessen in der wissenwollenden Struktur ab. Aber wir können von Mühe und Anstrengung getrost ablassen und stattdessen geschehen lassen. Es werden Impulse in unserem lebendigen Wahrnehmungs- und Empfindungsfeld aufsteigen, denen wir folgen können, ohne wissen zu müssen, wohin was wie wann weshalb führen wird.

Dein Leben liegt in Gottes Hand. Wo sonst?

Je stärker wir nun aber im Personsein verhaftet sind, desto unbedingter wollen wir erreichen oder umgehen gemäß unseren Vorstellungen. Das Überzeugtsein "Das muss jetzt soundso sein!" fühlt sich fest und hart an, vor allem in der Enttäuschung. Und sollte es klappen, schenkt uns der Erfolg keinen Frieden und das Nächste muss abgearbeitet werden. Je stärker wir hingegen vom reinen Gewahrsein durchflutet sind, desto weniger fahren wir unser Lebensschiff unter strengem Kommando hart steuerbord, backbord oder geradeaus. Im Spüren des Urgrunds, der uns trägt und ausmacht, lassen wir uns vielmehr auf der Welle gleiten. Im Fließen existiert kein fester Plan, den es zu befolgen gälte, sondern es taucht etwas auf, dem wir gegebenenfalls bereitwillig folgen.

Wird bspw. Deutsch als Unterrichtsfach fest, kalt, strukturiert und schneidend gelehrt, ist Deutsch ein Graus. Wird diese Sprache dagegen spielerisch kreativ vermittelt, freuen sich alle darauf. Und der eine Lehrer schaut auf ein lernunwilliges Pack. Und der andere auf lebendige Kinder.

Im Handeln gemäß unseren Konzepten sind wir plangesteuert, in der Sanftheit lebendigen Fließens sind wir impulsgesteuert. Sind Tanz. Sind Poesie.

Ich habe Feuer gemacht

Kontrolle ist anstrengend. Macht ist temporäre Illusion.

Ich kann die stolze Kunde tun "Ich habe Feuer gemacht. Und sieben Kinder!". Wie war das doch gleich? Durch mich – Körper-Seele-Geist-Kombination – geschah Feuer- und Kindermachen.

Gab es nun einen Jemand? Oder gab es den einen Niemand, der in uns allen?!

Der die das All-Eine wirkt. Wie das Meer in der Welle.

* * * * *

<u>18</u>

„Dieses, unser Leben,
Wem kann ich es vergleichen?
Dem Spiegelbild
Des Mondes in einem Tropfen Tau
Glitzernd am Schnabel der wilden Ente."

Dogen, 1200 – 1253

Scheinbar

Der Umbruch aus der eingeschränkten Wahrnehmung des Personseins in die wache Wahrnehmung reinen Seins fühlt sich turbulent an. Bisweilen befinden wir uns in heftiger Irritation.

Als Kind zu realisieren, dass die Leute auf der anderen Seite der Erdkugel auch zu wissen meinen, wo oben und wo unten sei – obwohl sie doch aus des Kindes Sicht mit dem Kopf nach unten hängen – ist eine enorme und irritierende Erfahrung. Indem wir uns das wache Erleben aus der Kindheit klar vor Augen halten, erinnern wir uns an unser wahres Wesen. Das stille Staunen.

Das reine Sein kennt kein Oben und Unten, darf aber in der Welt, die aus ihm hervorgeht, damit umgehen. "Hängt der andere nach unten oder stehe ich selber Kopf?": Erst im Abgleich treten Schwierigkeiten auf. Sie schwinden dahin, wenn wir die Wahrheit begreifen. Wir sind immer das, wofür es kein Oben und Unten gibt, und wandeln trotzdem in der Welt, die sich nur scheinbar von uns unterscheidet.

Unsere Welt gleicht einem imaginären Eishotel, in dem auch die Menschen aus Eis gemacht sind und sich durch die Eiskulisse bewegen und Gedanken zu denken vermögen. Aber alles in diesem Eispalast ist doch das eine Wasser. Und wir erstaunlichen Eismenschen wandeln staunend in der staunenswerten Eiswelt umher.

Dem äußeren Anschein zum Trotz gibt es nichts Trennendes oder Getrenntes. Alles ist reines Bewusstsein.

* * * * *

Mein Standpunkt

Mein Palast schmilzt. Spüre ich es schon? Bemerke ich die Auswirkungen?

Mein Standpunkt ist maßgeblich für das, was ich sehe. Die Welt, die ich schaue, ist also nicht die Welt, sondern meine Interpretation der Welt.

Wenn ich den inneren Standort wechsele, dann verändert sich die Welt mit ihrem Inhalt. Denn was ich sehe und fühle, ist meine Auslegung der Wahrnehmungsinhalte.

Wer wäre mein Nächster für mich gewesen, hätte ich nur anders auf ihn geschaut? Ich weiß es nicht und kann es im Nachhinein nicht mehr erfahren.

Vom Standpunkt des Seins aus hat er jedenfalls viele Gesichter. Gerade so viele, wie es ihm und mir gefällt. So ist er bunt. Changiert in vielen Farben. Starr war nur der Standpunkt. Und nicht das Wesen.

* * * * *

<u>19</u>

Bei allem, was ich tat und wollte, ging es mir eigentlich immer um das Eine: um Perfektion. So habe ich mich im Streben nach weltlicher Perfektion, die es nicht geben kann, verirrt. Und erwache nun zurück in die Eine Perfektion, die ich immer gewesen bin und die ich immer sein werde.

R.N.

Froh und heiter

Natürlich sind wir nicht allmächtig. Aber unsere tatsächliche Situation zu erfassen ist möglich. Nur im Nichterfassen der gegenwärtigen Sachlage fühlt sich das Leben immer wieder so an wie früher.

Gelangen wir nicht zur Erkenntnis, dass die Art und Weise, wie wir in zwischenmenschlichen Beziehungen agieren, reagieren, empfinden, nur einstudiert ist, so verbleiben wir im emotionalen Reproduzieren anstatt wirklich zu begegnen.

Alles, was einer bspw. mit Katzen bislang erlebte, projiziert er in die aktuelle Situation. Er begegnet nicht wirklich: Er projiziert. Sein Erfahrungsballast veranlasst ihn, zu kategorisieren, und er tritt dem spannenden Wesen Katze mit seinen ganzen Vorbehalten gegenüber.

Die meisten müssen erst einmal realisieren, wie sich Bezugspersonen und Begebenheiten in der Kindheit wirklich anfühlten, um die Zuordnung leisten zu können, in welche alte Situation das durch die gegenwärtige Situation ausgelöste Gefühl nun eigentlich gehört. Im Realisieren der emotionalen Kindheit muss aber nicht alles akribisch erfasst werden, sondern es reicht aus, das grobe Gerüst zu erfassen.

Spürst du die Lebendigkeit des Urgrunds – das Leuchten der Schöpferkraft – so ist der, dem du begegnest, nicht derjenige, dem du begegnest, wenn du aus dem Fundus deiner Erfahrungen schöpfst.

In einem Angstgefühl können wir uns immer die Frage nach dem gegen uns gerichteten Vernichtungspotential der aktuellen Situation stellen, um in der Klärung immer schneller aus dem Phantomgefühl zu erwachen. Aus dem Bann der alten Wirklichkeit hervorzutreten heißt, in echte Gelassenheit zu finden.

Die Gestimmtheit "Froh und heiter zieh ich weiter!" ist die Sonne in deinem Leben.

* * * * *

Ich bin die Sonne

Wenn ich in Projektion im anderen die Sonne sehe, beginne ich, mich um ihn zu drehen.

Das normale Verliebtsein gaukelt mir vor, der andere sei meine Sonne. Und dann ist es in der Regel nur eine Frage der Zeit, bis ich mich an ihm enttäusche.

Ich meine, wenn ich den andern haben könnte, dann wäre ich wieder ganz. Meine Entflammung für den andern verwechsle ich mit der Rückkehr ins eine Ganzsein.

Das Entzweitsein. Das Unvollkommensein. Das Begehren. Das erwächst aus dem Empfinden, Person zu sein. Es entsteht nicht, weil mir jetzt jemand fehlte. Diese Einheit, nach der ich suche, liegt innen.

Das persönliche Verliebtsein ist eigentlich der Kategorie

Sucht zuzuordnen. Dringlich will ich die tolle Einsseins-erfahrung wiederhaben. Und so gehe ich Motorradfahren. Fallschirmspringen. Drachenfliegen. Nehme Drogen. Und finde darin keinen dauerhaften Frieden.

Wo hingegen die totale Fülle ist, da besteht kein Gefühl, einer Sache oder eines Menschen zu bedürfen. Es herrscht ansteckendes Überfließen.

Erfülltsein ist nicht zu toppen. Die Sonne wird nicht in der Lage sein, die Klage zu erheben "Oh Gott, ist mir kalt, ich brauch jetzt etwas Warmes!". Es kann aber durchaus schön sein, im sogenannten Du das eine Ich zu sehen.

Das Empfinden "In dir erkenne ich mich gerne wieder!" ist auch Erfülltsein. Also warum nicht zu zweit die wahre Identität erfahren? Zweisames Erfülltsein ist dem unglücklichen Zustand "Ich hasse dich, verlass mich nicht!" jedenfalls vorzuziehen.

Wie André Brie einmal meinte "Wozu die Wahrheit im Kaffeesatz suchen, da sie doch so angenehm im Wein untergebracht ist!".

* * * * *

<u>20</u>

Eine schöne Frau

„Mulla Nasrudin fing eine Psychoanalyse an. Beim ersten Besuch stellte ihm der Therapeut einige Fragen, um zu sehen, was für einen Patienten er da vor sich hatte. Er zeichnete eine gerade Linie auf ein Papier und fragte Nasrudin: „Woran erinnert Sie das?"
Nasrudin antwortete: „Eine schöne Frau."
Es war nur eine Linie! Der Psychoanalytiker war ein wenig erstaunt. Er zeichnete einen Kreis und fragte wieder, was das sei. Nasrudin antwortete: „Wieder eine schöne Frau!"
Schließlich zeichnete der Therapeut ein Dreieck. Als er es sah, schloß Nasrudin sofort die Augen und protestierte: „Also nein, so etwas!"
„Aber was sehen Sie denn?"
Nasrudin antwortete: „Diese Frau ist völlig nackt!"
Der Therapeut wunderte sich: „Sie scheinen ja nur Frauen im Kopf zu haben!"
Nasrudin: „Wie bitte? Ich? Bin ich von Frauen besessen oder Sie? Wer hat denn diese Dinge gezeichnet?""

Eine Weisheitsgeschichte von Mulla Nasrudin
aus „Bewußtseinser-Heiterung" von Marco Aldinger

Wahrnehmungsfilter

Droht die Gefahr, von einem ausgelösten Gefühl über-
wältigt zu werden, so lässt sich dieses Gefühl beobachten. Wenn wir es beobachten, dann können wir es nicht
gleichzeitig sein.

Eine zusätzliche Unterstützung bietet das klare Erfassen, dass gegenwärtig keine Situation gegeben ist, welche die erlebte Wucht der Gefühle rechtfertigte.

Es ist befreiend, das Gewicht auf die Erfahrung zu le-
gen, dass wir das sind, was das Gefühl wahrnimmt und
beobachtet, anstatt der gewohnten Anstrengung zu folgen, das auslösende Problem optimal lösen zu müssen.

Und selbst wenn wir die aktuelle Situation wirklich bra-
vourös zu meistern wissen, dann heilt diese Leistung
das ausgelöste Gefühl beileibe nicht. Lösen wir uns hingegen von der alten Situation, indem wir wirklich werden lassen, dass unser Gefühl ausgelöst ist und zur aktuellen Situation in der Tat nicht passt, so geschieht Heilung.

Dazu muss die vergangene Situation erst einmal wahr
sein dürfen. Hierfür braucht es nicht die Wahrnehmung
aller Details der ursprünglichen prägenden Situation.

Einer, der sich seiner Wahrheit nähert, hat in der Regel
Angst vor dem, was schon geschah und tatsächlich gar
nicht mehr eintreten kann. Ist er hierbei nicht eindeutig
im Hier und Jetzt und schaut folglich nicht im Bewusst-

sein seines tatsächlichen Erwachsenseins auf die prägende Situation, so ist er gefährdet, in dem ausgelösten Gefühl oder in der gewohnten Reaktion darauf zu versinken. Möglicherweise fühlt er so extrem, dass er entrückt und in eine psychotische Bewusstseinsstörung hineingleitet. Erleben wir Menschen ein ausgelöstes Gefühl und reagieren darauf mit unserer damaligen Notlösung, dem Wahrnehmen der großen Not einen Filter vorzuschieben, dann schützen wir uns durch diesen Wahrnehmungsfilter. Und im Extremfall finden wir daraus nicht mehr heraus.

Die wirklich heilende Maßnahme lautet: Sind wir in einem starken Gefühl, zu dem es offensichtlich keine aktuelle Situation gibt, so können wir das Erleben festigen "Ah, das ist schon überlebt!" anstatt dem Trugschluss zu folgen "Dieses oder jenes Merkmal an der Situation rechtfertigt diese starke Emotion, die ich momentan durchlebe!".

Akzeptanz der prägenden Zeit plus Realisierung der gegenwärtigen Situation: Diese wache Aufmerksamkeitshaltung löst deine alten Wahrnehmungsfilter auf. Du bist wieder, was du anfänglich warst. Klare Wahrnehmungs- und Empfindungsfähigkeit.

* * * * *

Mein wacher Sportsgeist

Ein zuverlässiger Indikator dafür, dass es sich um ein ausgelöstes Gefühl anstelle eines adäquaten Gefühls handelt, ist die Wucht, in welcher eine Situation erlebt wird.

Wenn die Mücke zum Elefanten wird, dann handelt es sich in der Regel um ein ausgelöstes Gefühl. Also um Projektion, die mich in der Gegenwart mit einem Gefühl von damals verbindet.

Wenn ich mich bspw. gemäß der volkstümlichen Rede "Ach der! Wenn ich den nur schon sehe, dann geht mir der Hut hoch!" erleben lasse, dann tue ich gut daran, mich auf ein schönes Experiment einzulassen. Ganz im Sinne einer Anweisung wie:

Nehmen Sie es sportlich. Bleiben Sie bei diesem Gefühl. Und reihen Sie all diejenigen im Geiste auf, die so waren wie der, dem derzeit Ihre Empörung gilt. Mindestens einer wird dabei sein aus früher Zeit, dem Sie mal so richtig die Meinung geigen wollten. Tun Sie das innerlich. Ihre Energie wird frei werden. Und wenn Sie danach auf das aktuelle Gegenüber schauen, dann werden Sie wohl die Feststellung treffen "Ach, der da, der ist mir ja gar nicht so wichtig. Der stand nur für eine alte zentrale Figur aus meinem frühen Leben!".

Dieses wache Vorgehen stellt eine Möglichkeit dar, die Vergangenheitsverstrickung zu lösen.

* * * * *

<u>21</u>

„Das Licht deiner Augen, das Hören deiner Ohren, sie sind aus den Farben und Tönen deiner Erdenmutter entstanden, die dich umgibt, wie die Wellen des Meeres einen Fisch, wie die wirbelnde Luft einen Vogel."

Aus dem Evangelium der Essener

Da lass dich nieder

Die persönliche Struktur lässt ausschließlich das Empfinden zu, nicht heil zu sein. Unsere Persönlichkeitsstruktur *ist* Ungeheiltsein. Der Heilungsweg kann uns also nur davon fortführen, als definierte Persönlichkeit aufzutreten.

Sei öfter im reinen Gewahrsein, wenn du dich traust.

Falls sich Veränderungen der Lebensumstände anbahnen, so brauchen wir keine Katastrophe zu fürchten. Die beharrliche Ausrichtung auf die klare Wahrnehmungs- und Empfindungskraft führt uns durch das finstere Tal unserer Ängste und Zweifel. Klart der Himmel unseres Bewusstseins auf, so münden Anstrengung und Furcht in das Empfinden froher Gelassenheit. Froh und heiter geht es weiter.

Die Sonnenblume wendet sich dem Licht zu wie die Seele dem göttlichen Urgrund. Schwermütigkeit kann nur geschehen, wenn wir diese Ausrichtung verloren haben.

Die Blume blüht und fragt nicht, wie sie was zu leisten habe, wählt aber eine Farbe. Fragte sie sich, ob ihre Farbe genüge, so wäre ihr Blühen verloren. Das Blühen der Blume ist immer gleich schön, es lässt sich einfach geschehen. Die Annahme im Personsein, ständig etwas Neues hervorbringen und haben zu müssen, bedeutet Anstrengung und Kummer.

Sei die blühende Blume und genieße dein Blühen. Und lass dich nicht anfechten.

Johann Gottfried Seumes Gedicht "Die Gesänge" streut die Botschaft in die Welt „Wo man singt, da lass dich ruhig nieder. Böse Menschen haben keine Lieder."

* * * * *

Mein Körper ist weise

Es geht darum, mich wieder ganz durchtönen zu lassen.

„Der Teufel hat den Schnaps gemacht, um uns zu verderben." und „Immer, immer wieder geht die Sonne auf, denn Dunkelheit für immer gibt es nicht.": Beide Songtexte stammen vom gleichen Sänger. Von Udo Jürgens.

Die Weisheit ist in uns allen. Die Wahrheit ist überall. Und manchmal erkennt man sich in ihr wieder. Aber sie ist jedenfalls immer jetzt da.

„Als ich mehrere hundert Stunden mit der intensiven Fragestellung "Wer bin ich in Wahrheit?" gegangen war, schickte mich mein Lehrer und Meister zur Gehmeditation mit den Worten nach draußen "Geh in konzentrierter Achtsamkeit. Schritt für Schritt. Du kannst nicht wissen, in was sich dir Gott – die Wahrheit – offenbart!". So schritt ich und lauschte. Und es geschah nichts, dem ich eine große Bedeutung zugemessen hätte. Dabei hatte ich noch nie zuvor den Geruch eines reifen Kornfeldes so intensiv wahrgenommen und genossen. Das war bares Naturerleben. Es geschah ein Wiedererkennen. Ich fühlte mich über den Geruch diesem reifen Kornfeld zugehörig. Und es erfüllte mich mit Freude. Mit dem Empfinden, gesegnet zu sein."

Dieser Erfahrungsbericht verdeutlicht den hohen Wert direkter Sinneseindrücke zum Erleben meiner Naturverbundenheit. Ich Menschenkind brauche sie.

Der Körper ist Natur. Und bedarf dieser Verbindung.

Der Körper ist weise. Der weiß, was Einheit ist.

Der Körper ist ein großes komplexes Zusammenspiel weiser Instanzen nach einem wunderbaren Plan. Wenn ich das zu sehr störe durch angewendetes Ausgedachtes, dann erlebe ich sogenannte Zivilisationskrankheiten.

Der Körper erinnert mich, dass es Zeit ist, umzukehren. Zurückzukehren aus der Entfremdung. Wer sich schon einmal aufs Abenteuer "Fasten" eingelassen hat, der weiß, wovon die Rede ist. Aus sich selbst heraus zu leben ist eine große Erfahrung. Es zeigt mir auf, zu was ich die Nahrungsaufnahme im kompensierenden Essverhalten gemacht habe.

* * * * *

<u>22</u>

Ich kann nur darauf hinweisen, dass du die eine Liebe bist, reichen kann ich sie dir indessen nicht. Du *bist* Liebesein.

Sei wieder das, was du warst, bevor dieser Körper geboren wurde … und behalte ihn noch ein Weilchen.

R.N.

Bote der Wahrheit

Auch wenn wir im Kontakt mit Menschen ein starkes Angstgefühl oder eine andere schwierige Emotion ertragen müssen: Der Rückzug aus der Welt hilft uns gewisslich nicht. Das unliebsame Gefühl wird uns finden.

Im Meiden von Situationen, in denen sich das altgewohnte aufreibende Angstgefühl auslösen könnte, wird das Leben zum Spießrutenlauf.

Einst bahnte sich dieses Gefühl einen Weg durch unser Nervensystem. Die Reaktion im Heute ist wie ein Echo auf damals. Echos werden schwächer und verschwinden. Im Wissen um das Wesen des Echo können wir weitergehen.

Es ist gut, unseren Weg im Bewusstsein fortzusetzen "Das fühlt sich im Moment so an und wird wieder vergehen.". Die Resignation "Jetzt habe ich solange gearbeitet und es ist nicht besser: Ich pfeif drauf!" ist zwar verständlich, behindert aber die Fließbewegung ins Licht.

Lass dich begreifen, dass ein ausgelöstes starkes negatives Gefühl im Erwachsenenleben aus einem Geschocktsein rührt, welches das ausgelieferte Kind durchleben musste. Und zwar in aller Regel mehrfach.

Das Gefühl der Angst, der Scham, der Schuld, der Reue ist ein Bote der alten Wahrheit. Es tut dir nichts. Es klopft an wie ein Kind, das nicht gesehen wurde und zu Hause Frieden finden möchte. Lass es da sein.

Großer Klotz

Je mehr innere Kinder wieder sein dürfen, desto stärker erwächst das Empfinden von Einssein.

Alle, die auszogen, das Fürchten zu lernen, sind jeweils ein Teil meines Gespaltenseins. Sitzen sie alle wieder an meinem Tisch – um den Tisch des einen reinen Seins – dann wird meine Persönlichkeitsreise enden.

Um diese einst ungeliebten Kinder wieder zu empfangen, braucht es nur mich. Es gibt niemanden, der mir wirkungsvoll verzeihen könnte. Sollte. Müsste. Es geht darum, dass ich mir verzeihe. Für alles, was ich meine, getan zu haben.

Wenn ich das getan habe, dann schaue ich den andern mit Liebe an. Anders geht es nicht.

„Du sollst Vater und Mutter ehren. Und wenn sie dich schlagen, sollst du dich wehren. Und wenn sie um die Ecke gucken, sollst du ihnen aufs Auge spucken!": Zitat jenes Heinz, der als Schreinerlehrling inmitten seiner Schreinerkameraden in der Kirche sang „Großer Klotz, wir hobeln dich!"

* * * * *

23

Im Erwachen aus meinem persönlichen Fühlen und Denken "Ich will keinesfalls Misserfolg haben!" kann ich in die Ausrichtung finden "Ich werde als Miss Erfolg im Leben stehen!". Wunder sind möglich: In diesem Bewusstsein bin ich reich. Bin ich im Erfolg: im Gewahrsein der schöpferischen Wirkkraft.

J.N.

Mausefalle

Das Sein kennt keine Zeit. Und somit meint es in der Identifikation mit dem persönlichen Sein dann auch, die frühen Lebensbedingungen mit den hergeleiteten Konzepten gälten ewig.

Sie gelten aber nur für die zeitliche Sequenz, in der die Notwendigkeit für unsere persönliche Struktur tatsächlich gegeben ist. Nach dieser Zeit müssten wir Menschen eigentlich Angst davor haben, die vertrauten Konzepte beizubehalten. Aber für diese These lassen sich im persönlichen Erleben keine Beweise finden. Wir beweisen uns nur, was wir schon kennen. Also bleibt aufgrund der alten Erfahrung die Angst bestehen, das eigene Bewusstseinsfeld wirklich auszufüllen.

Was erlebst du angesichts der Einladung, in deinen Bewusstseinsraum ganz einzutreten? Vielleicht Mausefalle? Lerne dich wirklich kennen. Mach neue Erfahrungen. Lebe wild und gefährlich. Lass dich wieder sein. Dir kann keiner so weh tun wie es früher einmal weh tat. Fühlen wir uns im Elend, so herrscht in der Regel auch ein altes Gefühl.

Im klaren Wahrnehmen sind wir präsent. Und in der räumlichen Präsenz des andern müssen wir unser Ich nicht mit dessen persönlichen Gefühlen auskleiden oder sie okkupierend überrennen. Der andere ist einfach nur auch da. Wie die Wellen im Meer.

Die schlichte wache Daseinsfreude bleibt unzugänglich,

solange sich der eigene Aufmerksamkeitsstil durch das gewohnte Verhaltensmuster ausrichtet, welches in Reaktion auf die prägenden Erwachsenen und Umstände der Kindheit entwickelt wurde. Wir meinen, Leben wäre so, wie wir es kennen. Die altbewährte Lebensführung ist aber nur eine fortgeführte Notlösung.

Wir dürfen unser Bewusstseinsfeld ganz in Besitz nehmen, aber das verärgerte Kind, welches das Resümee der missliebigen Erfahrungen abbildet, trägt irgendwann nur noch ein Nein vor und glaubt an kein echtes Angebot. Diese Verwerfung bildet die Schranke zwischen uns und unserem Dürfen.

Aber auch wenn das Menschsein so aufgebaut ist, dass es den Erhalt des bestehenden Konzeptes anstrebt, so müssen wir uns diesem Alten dennoch nicht länger verschreiben, sondern dürfen das verletzte Kind feinfühlig in unsere Arme ziehen und im liebevollen Einverständnis mit dem individuellen Sosein den Raum einnehmen, der sowieso uns selbst gehört.

* * * * *

Des Königs Zepter

Der König ist ein König: egal, wie lange er nun glaubte, ein Bettler zu sein.

So manch einer hält indessen ausdauernd an der Bettelkutte fest. Und zwar aus Angst, wieder König zu sein. Er verhält sich frei nach der Maxime "Lieber den Spatz in der Hand als etwas auf dem Dach, von dem ich vergessen habe, was es wohl meinte!".

"Ich kenne meinen Bettelstab!" hält gegen das mir im irdischen Leben unvertraute Zepter.

* * * * *

24

„Es ist tatsächlich immer der Verstand, der einen von zu Hause wegführt, ansonsten hat man sein Heim nie verlassen."

Ramesh S. Balsekar

Egotod

Das Denken geschieht immer aus der Stille reinen Seins. Und es ist nur *eine* Möglichkeit, wie sich die Stille entfaltet. In der Identifikation mit dem Personsein meint die Stille jedoch, das Denken entspringe der persönlichen Denkfähigkeit und wäre das Höchste.

Die lösende Erfahrung, dass unser Denken im allumfassenden Bewusstsein enthalten ist, kann das evolutionäre System Mensch in erhebliche Irritation stürzen. Die Auflösung der Identifizierung mit dem persönlichen Denken bedeutet in des Menschen genetischer Verankerung nämlich den physischen Tod. Laut Erfahrung der Evolution geht die Aufhebung der persönlicher Struktur mit dem physischen Sterben einher. Und bricht jemand aus der bisherigen Evolutionsroutine aus, so wird er höchstwahrscheinlich mit Ängsten konfrontiert sein.

Haben wir eine Durchbrucherfahrung ins reine Gewahrsein gemacht, so erklären wir unser Erleben in der Regel mit der Übersetzung "Das war toll für mich, da will ich wieder hin, ich will es wiederhaben!". Unumstößlich wird der Egotod dagegen vollzogen, wenn das Verstehen geschieht "Ich *bin* diese tiefe Stille und nicht dieses Persönliche, was sie anscheinend hatte.".

Mit dieser die vertraute Identität auslöschenden Erfahrung können wir zunächst einmal ins dunkle Irritationsloch fallen. Normalerweise bewegen wir uns in Denkbahnen und Definitionen, die für uns Gültigkeit haben und Halt bieten. Wir greifen in unsere Kiste voller Gültigkeiten und kennen uns darin aus. Aber zum Ende des Loslösungsprozesses vom altbekannten Fühlen und Denken haben wir nichts mehr, was wir als gültig erkennen. Die Geltungskiste ist leergeräumt und alle Versuche schlagen fehl, wieder etwas zu erlangen, was uns in irgendeiner Kategorisierung festhält.

Eigentlich haben wir dann ja zum Glück Pech gehabt. Aber deswegen fühlt es sich nicht weniger miserabel an. Am persönlichen Abgrund nützt das überhaupt nichts.

Panik gehört häufig zum spirituellen Weg. Gewöhne dich dran. Sie wird vergehen.

* * * * *

Mein einziges Kapital

Ist alles weggefallen, was Geltung hatte, so entsteht ein großer freier Raum, der ich bin.

Vorlieben im Weltengeschehen sind durchaus wahrnehmbar, jedoch bilden sie kein Must-have. Es gibt nichts und niemanden, *ohne* das oder den man im wachen Erwachsensein nicht hätte leben können. Und nichts und niemanden, *mit* dem man nicht hätte leben können.

Wach auf und sei das Leben. Das Empfinden, abgespalten zu sein, braucht es dazu nicht.

In diesem Frieden verändert sich die Ausrichtung im

Menschsein. Ein unkonventionelles neues Sein auf dem Blauen Planeten wird möglich. Und das Menschsein erhält eine zweite Chance auf Erden.

"Ich bin die ganze Welt!" bringt andere Lebensmotivationen und Lebensinhalte hervor als "Ich und du gegen den Rest der Welt!".

Du musst niemanden überzeugen. Sei einfach. Der Rest kommt von selbst. Intuitives Handeln herrscht vor.

Schön, dass du da bist. Und bis hierhin gelesen hast.

Das Erwachen ist mein einziges Kapital, was mich im Reichtum hält. Der Einzelkampf führt ins Verderben.

* * * * *

<u>25</u>

„Denn mit ebenso großer Leichtigkeit, als ein mächtiger Riese einen kleinen Strohhalm emporhebt, geschieht es, dass Gott, jener gewaltige Riese, den Menschengeist mit Blitzesschnelle zu sich emporzieht."

Teresa von Ávila

Der Krug kann sich nicht leimen

Trau dich wieder, die Liebe zu sein.

Damals als kleine Kinder haben wir uns als die reine Liebe und Glücksfähigkeit erfahren. Aber das erstarkende Erleben, Körper und infolgedessen sterblich zu sein und von den verkennenden Erwachsenen geprägt zu werden, kann so furchtbar gewesen sein, dass wir uns schrecklich fürchten, das nochmals durchstehen zu müssen.

Deshalb halten wir lieber an einem Fitzelchen der eingeschliffenen Täuschung fest, abgetrennte Person zu sein, anstatt vollständig loszulassen und wieder die Liebe zu sein. Aufgrund der gräulichen Vorstellung, die alte Erfahrung noch einmal erleiden zu müssen, wollen wir die Schutzglocke heimlich behalten.

Aber gleichzeitig erlebt die geprägte Person, dass sie aufgrund der Erfahrungen der Kindheit defekt sei. Stimmt: Der zerbrochene Krug kann sich nicht leimen. Aber: Der Körper ist das Gefäß Gottes. Die gnadenvolle Erfahrung, die Liebe und das Glück wieder sein zu dürfen, kann im Loslassen der Konzepte augenblicklich geschehen.

Die Liebe sein zu dürfen ist grundverschieden vom Empfinden, sich anstrengen zu müssen, um die mitfühlende Liebe zu verkörpern. Und es ist etwas völlig anderes, sich im menschlichen Erfahrungsraum frei und begeistert bewegen zu dürfen, als sich in einen Begeisterungssturm flüchten zu müssen, der die emotionale Überlebenshilfe ausmacht. Aber die, die immer mussten, wissen nicht, wie das Dürfen nun vor sich gehen könnte.

Erfülltes Menschsein geschieht von alleine, wenn uns die Freude, das Sein zu sein, komplett ausfüllt. Es vorzuleben ist das höchste Gut.

"Ich freue mich in meinem wachen Sein anstatt es zu erklären.": Das ist gelebte Freude. Ein Prediger lebt gleich einer Worthülse. Wer nicht erfahren hat, wovon er spricht, folgt lediglich einem predigenden Konzept.

Das Göttliche ist immer und überall. Sei es, sonst bist du Leid, weil du dich von dem abschneidest, was du bist.

Der Tempel steht immer offen. Du darfst jederzeit eintreten. Erlaube dir dein Begeistertsein. Dein Freudesein. Dein Liebesein. Sei es, ohne diesen Zustand herstellen können zu müssen. Nimm in deiner Souveränität Platz.

Souveränsein meint das sichere Empfinden dafür, dass die Aufmerksamkeitsqualität immer verfügbar ist, in der wir die Stille – den Urgrund des Lebens, der wir tatsächlich sind – wahrnehmen und in einen klaren Ausdruck finden. Die Tür in dieses wache Zugegensein steht immer offen.

"Ich erlaube mir, die Früchte dieser Erde wirklich zu schauen und von ihnen ehrlich begeistert zu sein, aber ich muss dann nicht laufend mein Lieblingsgericht haben.": Das ist die Unterscheidung zwischen Dürfen und Sich-in-die-Begeisterung-flüchten-Müssen. Lebendige Begeisterung ist ein Dürfen und kein Nur-in-der-Begeisterung-existieren-Können.

Der Schritt, nicht mehr zu müssen, ist ein schwieriger Entwicklungsschritt. Und der weitere Schritt ins Dürfen ist nicht minder. Das natürliche Dürfen ist für einen hartgesottenen Müsser ganz unfassbar. Wir geprägten Menschen sind alle gleichermaßen betroffen.

Lass los: in den Kontrollverlust. Lehn dich hinein: in die lebendige Freude.

* * * * *

Ich experimentierfreudiges Wesen

Im wachen Sein bin ich experimentierfreudige Wesenheit.

Starre Systeme sind mir fremd. Ich bin ein waches Staunen im bunten Lebensexperiment. Mehr wie das Fließen eines Baches als wie das Fahren eines Zuges auf starren Schienen.

Im konzeptualisierenden Menschsein ist das Leben vorzeitig aufgebahrt. Es ist vermeintlich sicher … und letztlich schal.

Der fließende lebendige Bach umspielt die Steine, er kontrolliert sie nicht. Der Prophet. Der Visionär. Der

Pläneschmied ist auf der Flucht. Wahre Kreativität schaut aus dem Gewahrsein einer wachen Fülle in die Welt und spielt mit ihr.

Wenn du einem Wildbach begegnest, dann willst du ihn fassen. Und mit ihm tanzen. Sei dieses Elixier wacher Lebendigkeit.

* * * * *

<u>**26**</u>

„Ich will dich vor dem Ertrinken bewahren", sagte der Vogel, hob den Fisch aus dem Wasser und setzte ihn sanft auf einen Baum.

Kleine Ergötzlichkeit
aus "Bewußtseinser-Heiterung" von Marco Aldinger

Stausee

Im Persönlichkeitsempfinden haben wir normalerweise den Eindruck "Ich bin der Schlamm!". Und sind wir bestrebt, uns gleich der Lotusblüte aus diesem Schlamm zu erheben, so kann es geschehen, dass wir wieder wissen, wer und was wir wirklich sind. Reines Gewahrsein.

Die Alternative besteht im Ziehen des konzeptualisierenden Stöpsels, um den Schlamm abzulassen anstatt an ihm festzuhalten. Lass dich weinen, wenn du dich erleben lässt, wie schlimm dieser oder jener Schrecken in deinem Leben tatsächlich war.

Ein ungebrochener Schmerz resultiert in aller Regel aus einem frühen Trauma. Er ist das Herzweh, das angesichts der eigenen Erschütterungen in den frühen Jahren nicht fließen konnte.

Mit diesem angestauten Schmerz verhält es sich wie mit einem realen Stausee. Immer wenn wir weinen, lassen wir einen weiteren Teil des Stauwassers ab. Und irgendwann wird der Stausee leer sein. Und der Energiestrom wird wieder natürlich fließen.

Sich über den Schlamm zu erheben oder ihn abfließen zu lassen: Beide Auflösungen des Persönlichkeitsempfindens sind möglich. So wähle *nun* deine Lösungsform.

"*Nun*" macht den wesentlichen Punkt aus. Ansonsten häufen wir die Schlüssel zur Erfahrung reinen Gewahrseins an und nützen sie nicht, vielmehr ziehen wir die

Schlammschlacht vor. Im Empfinden "Ja ich habe verstanden!" machen wir aus dem Erkennen eine persönliche Handlung und landen wieder im Schlamm. Im denkenden Handeln, es nun aber richtig zu machen, gibt es keine Lösung. Wir landen erneut im Leid.

Wenn das Eine sich nicht erkennt, wird es sich weiterhin im Vielen verlieren.

* * * * *

Ich bin schön

Ich bin der, die, das Schönste unter der Sonne.

Ich bin das Erfahren des Sonnenlichts reinen Gewahrseins. Und heiße mich willkommen. Sowohl in Gestalt des Bettlers als auch in Gestalt des Königs.

Schön, dass ich da bin. So lasse ich mich weinen. Lachen. Staunen. Gleichwie es mir gefällt.

"Ich bin wirklich da. Und schön. Und muss mich nicht weiterhin anstrengen. Im befreiten Menschsein lasse ich mich selbstverständlich auf das zugehen, was mich anzieht.": Diese Selbstwahrnehmung beruht auf dem sich vertiefenden Begreifen, dass unser lebendiges Wesen nichts anderes ist als die Schönheit reiner Präsenz.

Im echten Selbstbewusstsein "Ich bin da!" wohnt die Freude. Auch die natürliche einfache Freude am andern, der gleichfalls anwest.

Wir befreiten Geschöpfe sind gerne in Gesellschaft anderer Geschöpfe. Einem in klarer Selbstgewissheit Verankerten verlangt das Geselligsein nichts ab. Es braucht keine Verbiegung. Keine Bemühung. Keine Selbstverleugnung. Wir sind wache Präsenz. Das höchste Gut.

Schön, dass du da bist.

* * * * *

27

„Ich fühle mich so solidarisch mit allem Lebenden, dass es mir einerlei ist, wo der einzelne anfängt und aufhört."

Albert Einstein

Fassungslos

Für uns alle gibt es einen bestimmten Satz, der die Abgeschlossenheit der eigenen Vergangenheit *endgültig* klarstellt. Ihn fürchten wir.

Eine Aussage wie "Zwischen meinen Eltern und mir gab es niemals ein echtes ehrliches Gespräch, in dem ich wirklich gemeint war, und es wird es auch nie mehr geben!" ist wie der Tod. Fassungslos stehen wir vor einer solchen Endgültigkeit.

Ein Tod rüttelt immer am persönlichen Universum. Unser Gefasstsein im vertrauten Konzept bricht dadurch auf. Und haben wir die Fassung verloren, so sind wir dem reinen Sein sehr nahe.

Unser irdisches Sein ist zwar endlich, aber der hellwache Moment des Erfassens der Endlichkeit ist zeitlos.

Das persönliche Hoffen und Sehnen stirbt, wenn wir eindrücklich erkennen, dass es sich niemals wirklich erfüllen kann. Danach kommt etwas Neues. Nehmen wir die Vergeblichkeit dieses Hoffens bzgl. der abgeschlossenen Vergangenheit jedoch nicht wirklich ernst, so schleicht sich das Sehnen wieder ein und eine Neuauflage des alten Personseins erfolgt.

In der Anerkennung der Endgültigkeit sind wir frei. Aber die schmerzvolle Fassungslosigkeit und die latente Angst, uns nicht mehr auszukennen, sprechen dagegen. "Ich habe mich voll und ganz im hoffnungsvollen Sehnen eingerichtet, und trotzdem wird das, worauf es sich ausgerichtet hat, niemals sein!": In diesem Erkennen bricht die Notwendigkeit der eigenen Fasson von Menschsein in sich zusammen. Sie ist sinnlos. Unnütz. Überholt. Nichts ist mehr richtig im gewohnten Erleben. Dieses Richtig war jedoch sowieso nichts weiter als unsere Persönlichkeitssortierung.

Lässt du deine Persönlichkeitsstruktur los, weil du ihre Sinnlosigkeit erkannt hast, so kann auftauchen, was vorher war. Das ursprüngliche Sein. Nimm das. Es ist ein guter Handel. Sei fassungslos frei.

In der Befreiung erscheint wieder der ganze Horizont anstelle des einen Punkts, auf den wir starren, obgleich es ihn gar nicht mehr gibt. Nur wenn wir die Fokussierung auf unser Hoffen und Sehnen lassen, können wir das göttliche All-Eins-Sein erfahren.

Und im Zustand natürlichen Daseins kannst du – du Gewahrsein in Menschengestalt – das reine Sein wieder selbstverständlich in Besitz nehmen.

* * * * *

Ich bin

Ich bin endgültiges ewiges Sein. Das Darüber-fassungslos-Sein ist das illusionäre wertende Personsein.

* * * * *

<u>28</u>

Höllenfahrt

Ein überzeugter Atheist betritt nach seinem Ableben die Hölle ... und traut seinen Augen nicht. Heller Sonnenschein, Meeresstrand, angenehme Temperaturen, Palmen, alle hundert Meter eine Strandbar, fröhliche Menschen, kurzum: Es herrschen paradiesische Verhältnisse. Er geht staunend am Strand entlang, bis er auf den Teufel trifft, der den Neuankömmling äußerst herzlich in der Hölle begrüßt. Nach einem Erfrischungstrunk schlendert er weiter, um die Hölle weiter zu erkunden. Zwischen Dünen entdeckt er schließlich ein großes, tiefes Loch. Neugierig blickt er in die Tiefe und erschrickt fürchterlich: Auf dem Grund dieses Lochs befinden sich wimmernde unbekleidete Menschen. Ein heißes Feuer lodert und wilde Bestien schlagen erbarmungslos auf diese Armen ein. Der Atheist rennt verwirrt zum Teufel und fragt ganz aufgelöst, was denn das für ein Loch sei? „Ach", meint der Teufel, „das ist für die Katholiken, die wollen das so!"

Vorstellungswelten

Freiheit

Wir Menschen trachten nach Freiheit. Und schwärmen in unterschiedliche Richtungen aus, um sie zu finden. Und somit gibt es im Denken viele Definitionen von Freiheit.

Aber letztlich bedeutet Freiheit, sich nicht mit Gedanken zu identifizieren. Manchmal geschieht dieses Freisein während einer Meditation. Aber viel öfter geschieht es in Situationen voller Komik und Humor.

In dem Moment, in dem sich bspw. das Lachen von der Aussage eines erzählten Witzes trennt und ein herzhaftes Loslachen geschieht, trennt sich das Denken von allen Inhalten. Verschwindet für kurze Zeit ganz. Und gibt den Raum frei für ein freudiges Fließen.

Momente reiner Heiterkeit können jederzeit auftreten und das System in einen befreiten Zustand versetzen. Alles, was uns sonst scheinbar belastend belagert, existiert im Wahrnehmungsspektrum während des erlösenden Lachens nicht. Wohin ist all das Bedrückende verschwunden? Es hat sich doch gar nichts verändert. Außer dem Tatbestand, dass der gewohnte Aufmerksamkeitsstil nicht fokussiert ist. Er gibt sich dem wachen Präsentsein im Lachen einfach hin.

In dieser Befreiung geht für kurze Zeit das Anhaften verloren, was im gewöhnlicherweise allgegenwärtigen wertenden Denken entsteht.

Freiheit meint letztlich Freude. Und Freude meint Liebe. Nicht zu verwechseln mit dem persönlichen Verliebtsein. Gemeint ist Seinsein. Deshalb nehmen wir bei allen, die im reinen Gewahrsein weilen, oftmals ein freudiges Strahlen wahr. Auch wenn der sogenannte Weise nicht unter der Einwirkung eines vorgetragenen Witzes steht.

* * * * *

Mein stilles Gewahrsein

Die Stille bahnt sich ihren Weg. Und für das Persönlichkeitsempfinden hat das ein dramatischeres oder undramatischeres Gesicht.

Beherzt folge ich meiner Lebendigkeit. Tue, was mir im klaren Wahrnehmen und Empfinden reizvoll erscheint. Und unterlasse das freudlose Michanstrengen. Das tote Sittsamsein.

Im individualisierten Sittenaposteldasein werde ich nun die Kutte schürzen. Auf den Tisch der Manifestation springen. Und auf ihm tanzen.

Ich male mein eigenes Sittengemälde. Lass mich die Welt der Formen und Farben erfahren. Vielgestaltet und bunt offenbart sich mir im Strom befreiten Lebens.

* * * * *

<u>29</u>

Der Sinn des Lebens liegt darin, den Sinn, den man sah,
zu lassen.

R.N.

Sinn des Lebens

Es gibt keinen Lebenssinn, der sich fest definieren ließe. Es gibt indessen das Entfaltungspotential, das sich selbst in Szene setzt. Es bringt sich aus sich selbst hervor. Erkennt sich bisweilen. Und weiß dann, dass es ist.

Es gibt also das Entfaltungsschauspiel, in dem das zum Auftritt kommt, was dieses Schauspiel generiert. Und dieses Schöpfen geschieht ohne das, was wir "Absicht" und "Plan" nennen.

Es existiert kein Sinn nach Maßgabe unseres Denkens. Aber oftmals bewirkt die Frage nach dem Sinn des Lebens, dass wir Menschen wirklich erspüren. Uns ins klare Gewahrsein hineinspüren. Und unser waches Wesen erfühlen. Der Intellekt vermag keine Antwort hervorzubringen. Das innerste Wesen der Fühl- und Denkstruktur besteht darin, dass sie keinen Halt gibt. Sie steht also ihrem Versprechen entgegen. Und je starrer diese Persönlichkeitsstruktur ist, desto mehr verrät sie das Selbst.

Der Sinn des Lebens ist praktisch das Leben selbst. Mit all seinen vielfältigen Facetten.

* * * * *

Die fabelhafte Welt der Formen und Farben

Ich bin das grelle Fabeltier
und sag zu dir "du Schnabeltier!".

138

<u>30</u>

„Im quantentheoretisch holistischen Weltbild ist der Kosmos immer das untrennbare Ein-Ganze, ein einziger Lichtball von Beziehungsstrukturen."

Hans-Peter Dürr

Blüte

Wir Menschenkinder sind normalerweise sehr reglementiert. Es ist unser Anliegen, Sicherheit in die Kommunikation mit dem andern zu bringen.

Dieses Reglementiertsein stellt eine Einfluss nehmende Kraft dar, auf die das Gegenüber entsprechend reagiert. Spontanes lebendiges Sein ist in diesem Rahmen nicht möglich, weder für uns selbst noch für den andern.

Diese starke Energie, die wir auf gewohnte Weise in eine Begegnung einbringen, können wir im Allgemeinen nicht sehen. Sie verkörpert die Position von "Ich bin der Normale. Der Richtige. Und der andere ist verkehrt und muss auf die eine oder andere Art beeinflusst und beherrscht werden!".

Wir schalten auf den in Reaktion auf unsere Kindheitserlebnisse entwickelten Begegnungsmodus. Und behalten ihn innerlich bei. Das ist Personsein.

Wenn wir dagegen als waches Bewusstsein in die Welt gehen, dann passieren völlig andere Dinge. Zumindest innerhalb der eigenen Erfahrungswelt.

Du erfährst ja sowieso immer nur dich selbst. Also geh der Frage nach "Was ist mein Maßstab, wenn es nun nicht mehr der des anderen ist? Wie finde ich ins autarke Erfülltsein?".

Einer kann bspw. eine Yacht inniglich lieben, ohne sie

sein Eigen nennen zu müssen. Das Haben stört dann aber nicht. In einem solchen Lieben ist er jedenfalls die Liebe selbst anstatt das persönliche Sehnen, in dem er sich verzehrt, ohne die geliebte Yacht zu besitzen.

Das ist der Unterschied zwischen Seinsein auf Erden und Personsein in Bezug auf eine Sache. Einmal bin ich das Blühen. Und einmal habe ich die Blüte nicht. In beiden Fällen schaue ich aber auf eine Yacht. Auf eine bezaubernde Blüte.

"Fühl dich reich.": Diese weise Anleitung weist auf die reiche Position. Auf die wunderschöne Blüte.

* * * * *

Ich Wirbelsturm

"Schön, dass ich da bin, ich individualisiertes Sein, ich hätte mich sonst so vermisst!": Meine schmerzhafte Geschichte ist keine Katastrophe, die mich erst noch erreichen müsste, vielmehr habe ich das Schmerzvolle bereits überlebt und bin nun wirklich da.

"Ich habe mich gesehen!": Den von mir erlittenen Schmerz gilt es glasklar zu schauen, um zu gesunden. Echtsein geht nur *mit* der eigenen Geschichte. Und nur im Echtsein bin ich wirklich und wahrhaftig da.

Meine therapeutisch spirituelle Entwicklung in die klare Selbstwahrnehmung stellt nur im Denken eine Wegstrecke dar mit Startpunkt A und Zielpunkt B. Fürs echtgoldene Sein auf Erden muss ich dieses täuschende Bild vom Erreichenmüssen eines immer höheren Entwicklungsstandes jedoch aufgeben, um für die treffende Beschreibung Platz zu schaffen.

Das neue Bild von meiner Hinbewegung zum klaren Bewusstsein zeichnet eine Sektflöte, auf deren Kreisrand ich endlos kreisele. Bis ich innehalte. Und zack, ins Schaumbad reinen Seins hineinfalle.

Ich lasse los. Und schlagartig bin ich dort, wo ich in Wahrheit schon immer bin. Das Eintauchen in den Urgrund benötigt keine Strecke.

Je kräftiger die Persönlichkeitsstruktur, desto weiter der Sektkelch, in dem ich gleich einem wild gewordenen Kugelblitz meine Kreisbahnen wirbele. Es ist die Fliehkraft der wirbelnden Bewegung, die mich über dem Tiefpunkt des v-förmigen Körpers kreisen lässt. Erst im Loslassen der falschen Vorstellung vom Zurücklegenmüssen einer Wegstrecke stoppt die Wirbelbewegung. Und endet im freien Fall auf den Grund.

Dass ich eigentlich schon immer im Einssein bin und dass es nur mein wirbelndes Kreisen ist, was mich scheinbar von dieser Erfahrung trennt: Das ist ein Fakt. Mein Wirbel ist das gewohnte Gedanken- und Reaktionsmuster, sonst nichts. Aber in der Täuschung über das Verringernmüssen eines Abstands bemühe ich mich immer weiter, eine bessere Bewegung zu machen anstatt einfach innezuhalten. Loszulassen. Anzukommen.

Vorsicht: Immer, wenn ich im persönlichen Empfinden meine, ich hätte versagt, festige ich nur das Personsein. Das Bekennen scheinbaren Versagens ist etwas völlig anderes als das unkomplizierte Loslassen.

* * * * *

<u>31</u>

„Wenn Geld nicht alles ist, was ist es dann?"

Onkel Dagobert

Anmerkung:

Geld ist Onkel Dagoberts Synonym für das Habenwollen schlechthin. Er gerät in "Onkel Dagoberts Traumreisen" in eine lebensbedrohliche Situation: Er soll hingerichtet werden und so muss er Zeit schinden für seine mögliche Errettung. Als ihm ein letzter Wunsch gewährt wird, gibt er an, einen Vortrag halten zu wollen. Und welchem Thema wendet er sich zu im Angesicht des Todes? Dem Habenwollen. Also beginnt er mit den Worten „Wenn Geld nicht alles ist, was ist es dann?"

Materie

Wenn wir unser spezifisches Beschnittensein wunderbarerweise aufheben, dann erheben wir uns automatisch ins pure Freudesein.

Lässt bspw. eine, die im Zuge der Persönlichkeitsausbildung der Materie abgeschworen hat, ihr ursprüngliches Verliebtsein in den Sandkasten der Manifestation wieder ganz und gar zu, so *ist* sie dieses echte Verliebtsein.

Der abdeckende Schutzmantel für das verletzliche Wesen wird aufgeknöpft. Zur Seite gelegt. Um zwecks mitreißenden Kreativseins in den Sandkasten der Manifestation zu steigen. Die Hingabe ans irdische Leben mit seinen Möglichkeiten ist Freudesein, das sich in Aktion begibt.

Der Tanz auf dem Vulkan kreativer Energiestöße. Das Bad im Energiestrom befreiten Menschseins. Das ist uneingeschränktes Lebendigsein.

Die kleine persönliche Welt, die man selbst geschaffen hat, zu verlassen erzeugt aber bis zum endgültigen Loslassen der Persönlichkeitsstruktur immer wieder Wellen der Angst. Auch nach eindrücklichen Ausflügen ins erfüllende Einssein und trotz des Phänomens, dass einem die persönliche Normalität immer flacher erscheint.

In der kleinen Persönlichkeitswelt kennt man sich aus. Angesichts der gefühlten Vermutung, die große weite Welt auf eine entsprechend komplexe Weise handhaben zu müssen, bricht einem der Angstschweiß aus.

Aber in Wahrheit trägt sich die Welt selbst. Die bittere Pille persönlichen Angestrengtseins kann bedenkenlos abgesetzt werden.

Dazu braucht es Mut und Gnade. Dieses Loslassen ist nämlich das Öffnen des untersten Verschlusses im Persönlichkeitsmäntelchen. Es sind die letzten sich auseinanderhakenden Zähnchen im persönlichen Reißverschlusssystem. Die ersten prägenden Erfahrungen. Die auf der frühen emotionalen Realität gründenden Glaubenssätze. Der Kern des persönlichen Ichs, das ausgebildet wurde, um die Zeit mit den machtvollen Erwachsenen und Umständen zu überstehen.

Erst im Loslassen erfährst du, dass die Welt sich tatsächlich selber trägt. Und selbstverständlich auch dich im selbstverständlichen Präsentsein. Sei bereit fürs Abenteuer "Freies Menschsein auf Erden". Es ist echt. Lebendig. Friedvoll.

* * * * *

Mein königliches Sein

Ich bin absolutes Zufriedensein. Leid geschieht erst durch den Persönlichkeitsfilter. Das Licht hellen Bewusstseins belichtet in Projektion die Erinnerungsbilder aus der frühen Zeit ... und reißt sich völlig rein.

Im persönlichen Unzufriedensein ziehe ich Königsklei-
der an. Und habe keinen Zugang zum Empfinden von
Königsein.

Durch das Aufgeben meiner gewohnten Persönlich-
keitsgestaltung wandle ich die Elendsgestalt zum im natürlichen Lebendigsein strahlenden Geschöpf, das selbst
in Lumpen gekleidet wahrlich königlich ist.

Als ein aus dem gefühlten Bedrohtsein durch den tota-
len Tod Erwachter trage ich immer einen Königsmantel.
Gewebt aus der Gewissheit von der stillen Präsenz der
Ewigkeit.

* * * * *

<u>32</u>

„Die Wahrheit braucht keine Worte: Sie ist.
Sie spricht ihre eigene Sprache;
sie ist das offene Buch mit der Schrift des Lebens.
Sie ist wie das Licht der Sonne."

Pir Vilayat Inayat Khan

Natürliche Autorität

Der Häuptling ist eine beispielhafte gute Figur. Der Stammesführer verkörpert die Natürlichkeit der Einflussnahme durch waches klares Präsentsein.

Ohne den Filter geprägten Fühlens und Denkens weilen wir in der Erfahrung unseres Grundrechts, selbstverständlich und bedingungslos da zu sein. Nichts und niemand kann uns dann beirren. Wir sind so etwas wie natürliche Autorität.

In ihr haben wir immer die Wahl. Mit unserer klaren Wahrnehmungs- und Empfindungsqualität sind *wir* der Maßstab in unserer Erfahrungswelt. Bedenkenlos können wir uns im wachen Lebensraum ganz niederlassen und outen. Der Impuls zu einem bestimmten Tun wird uns Menschen geschenkt.

Es ist uns gegeben, uns ruhig und aufrichtig zu erden, wenn wir im echten Selbstverständnis angekommen sind. Das ist gute irdische Kraft.

Sich dem Empfinden anheimzugeben, selbstverständlich da zu sein, ist die weise Kapitulation angesichts der Unmöglichkeit, in der persönlichen Struktur etwas wirklich Gutes zu erreichen. Wir kippen über die Begrenzung unseres persönlichen Bewusstseinsfeldes hinüber ins offene Feld klaren Bewusstseins. Aus dem engen Gefühlsbad stürzen wir in den tiefen See klarer Empfindungskraft.

Wir sind den guten Mächten angetraut, so wir die Lebensenergie in kein nostalgisches Sehnen hineingeben, welches das Ankommen in einem kraftvollen irdischen Leben jedenfalls vereitelt. Mit unseren unerfüllten Sehnsüchten setzen wir uns selber unter beängstigenden Druck. Sie sind kontrapunktisch zum eigentlichen Anliegen, in Friede zu *sein*.

Im angstlösenden Frieden zu sein bedeutet, die Manifestation als reichen Wahrnehmungs- und Empfindungsraum zu begreifen. Und die Erfahrung reichen Gewahrseins ist wirkliche Erfüllung.

* * * * *

Und nun erfolgt die Überreichung eines Dietrichs, mit dem sich wohl alle Türen zum klaren bewussten Sein öffnen lassen. Er dient der Entschlüsselung eines Schlüsselerlebnisses, mit welchem nahezu jeder aus unserem Kulturkreis verbunden ist. Und andere Kulturräume bieten außerchristliche Parallelen.

Ich bin der Zauber

Erfülltsein ist so wie das kleine Kind zu sein, das zum ersten Mal unter dem geschmückten Weihnachtsbaum steht. Es fühlt sich zu einem Ort der Magie geführt, wo goldene Lichtlein blitzen.

Und das Staunen im Kind gerät in Verzückung. Große, bunt schillernde Kugeln. Silberfäden. Flammende Kerzen. Und eine Spitze wie aus Eis: Das Kind ist dieses

Wunder, das sich nun selbst erfährt.

Das kleine Kind erfährt das Erleben dieser üppigen Erscheinung von schillernden Formen und Farben tief und stark. Es *ist* diese Erfahrung. Und später wird es dieses Erfahren als ein sogenannter Jemand wiederhaben wollen. Das Zaubersein ist dann aber defekt. Verdorben. Kaputt.

Infolgedessen soll der Baum in der Dynamik "Weiter. Toller. Höher!" den Verlustschmerz kompensieren. Dies ist jedoch unmöglich. Der Verlust ist ja gar kein Verlust, sondern der Schritt vom staunenden Sein ins besitzenwollende Haben.

Und so muss es denn von allem mehr sein. Feiner. Exquisiter. Aber es ist der Aufmerksamkeitsstil, der den geheimnisvollen Zauber bricht, und kein Mangel in der Sache selbst.

Der Zauber geht ja nicht vom Baum aus, sondern der Zauber erkennt sich in diesem Baum.

Das Kind müsste ins Gewahrsein eintreten "Ah, ich bin der Zauber, und eben habe ich mich gesehen!". Dann wäre die Identifizierung ganz auf das eine Sein zurückgefallen. Aber das erklärende kategorisierende Umfeld lässt das in der Regel keineswegs zu. Und so geschieht stattdessen das persönliche Erleben und Rückschließen "Aha, es ist Weihnachten. Und ich habe Geschenke bekommen. Nächstes Jahr will ich dann wahrscheinlich noch mehr!". Der Zauber wird dabei immer weniger und das Sein auf Erden fühlt sich immer ärmer an.

In der Kindheit wird häufig so erlebt als sähe man auf ein Kippbild. Sein oder Haben? Was herrscht vor? Bislang prädominieren die Einladungen ins Haben. Das gilt es nun zu verändern.

Der Zauber geht nicht von den Farben und Formen der Welt aus, sondern der Zauber erkennt sich in ihnen wieder. Wenn dies ganz verstanden ist, dann kehrt der Zauber zurück. Den Weihnachtsbaum und die übrigen Wunderdinge braucht es dann nicht, trotzdem sind sie ein schönes aufregendes Erscheinen.

Die frohe Weihnacht sei mit dir. Immer. Jetzt. Alles für dich. Nichts. Nur die Wahrheit.

* * * * *

„Wo du wahrhaft aus deinem Willen und deinem Wissen herausgehst, da geht Gott mit seinem Wissen und Willen wahrhaft hinein und leuchtet dort voll Klarheit."

Meister Eckhart

Es ist das Lied der einen Wirkkraft, das uns durchtönt. Jetzt. Und immer.

R.N.

Informationen zur Autorin

"Die haben mich reingelegt!"

Als sehr kleines Mädchen hatte ich immer wieder das intensive Empfinden "Die haben mich reingelegt!". Die ... die Götter und Göttinnen ... echte An-Wesenheiten ... das, worin die eigentliche Zuständigkeit für mein Sein und Werden besteht.

Fernab vom wahren Zuhause war ich irgendwo gelandet, wo ich mich ab sofort absolut alleine fühlte. Ich empfand mich als eine Fremde unter Menschen, die sich die Meinen nannten, meinem Wesen jedoch verständnislos, gleichgültig, ja sogar feindlich gegenüberstanden. Ich erlebte totales Isoliertsein.

Natürlich dachte ich als kleines Mädchen, dessen begriffliches Denken sich gerade erst zu entwickeln begann, nicht all diese Gedanken. Vielmehr befand ich mich in einem Empfindungskonzentrat, das im Satz "Die haben mich reingelegt!" seinen wütenden verzweifelten ohnmächtigen Ausdruck findet.

Etwas später nahm die Persönlichkeitsentwicklung immer mehr Raum ein. Sie formte sich aus als Abdruck dessen, dem ich begegnete. Ich wurde Personsein, indem ich mich in der frühen Erfahrung "Keiner sieht mich wirklich!" und im Erleben "Ich bin schuld. Unzulänglich. Schlecht. Böse. Und darf nicht sein!" immer tiefer verankerte. Der unbedingte Wille, im kompensierenden Fühlen, Denken und Handeln zu überleben, erfüllte mich ganz.

Irgendwann war die Not in der lebensfeindlichen Täuschung aber schließlich so hoch, dass ich in diversen Symptomen zusammenbrach. Demzufolge machte ich mich auf den Weg, die tiefe Entfremdung zu meinem wahren Wesen schrittweise aufzuheben.

Wenn Seindürfen geschieht, geschieht Präsentsein. Klares waches Wahrnehmen und Empfinden. Dieser offene Raum reinen Existierens ist Ewigkeit. Ist Heiligkeit. Ist der machtvolle immerwährende Augenblick jenseits der Zeit.

* * * * *

Lebensdaten zur Autorin

Johanna Neukirch wurde 1958 in Südbaden geboren. Dunkle Kindheit unter der Herrschaft von Erwachsenen, deren erklärtes Ziel es war, sie unbedingt zu katholisieren. Im 16. Lebensjahr geschieht ihr beim Schwimmen im See eine spontane Durchbrucherfahrung ins reine Sein. Seitdem ist sie mit dem Erleben ewiger Präsenz bewusst verbunden. Sonderpädagogisches Studium in Heidelberg. Lehrerin an verschiedenen Sprachheilschulen. Initiatische Therapie nach Karlfried Graf Dürckheim. 1989 Geburt ihres ersten Sohns. Entwicklung des kreativen Potentials in Seminaren zu Schauspiel, Malerei und Stimmbildung. Weiterbildung im ganzheitlichen Atmen und Systemischen Familien-Stellen. Der Herzenswunsch, sich im eigenen spirituellen Erkennen und Begreifen zu zentrieren, führt sie in buddhistische Retreats. Spirituelle Aufstellungsarbeit.

Wichtige Begegnungen mit dem indischen Advaita-Lehrer und Weisen Ramesh S. Balsekar in Bombay. 2002 wird sie in zweiter Ehe Mutter ihres zweiten Sohnes.

Während der intensiven Arbeit mit ihrem Mann erlebt sie die plötzliche Auflösung seiner persönlichen Identifikation und nutzt seither das Präsentsein der Stille für den eigenen Lösungsprozess und für das schriftstellerische Beschreiben des gewohnten und des befreiten Menschseins.

Danksagung

Eine Frau ist wie eine Blume: Sie spielt im Sandkasten der Manifestation ... und ist immer schön genug.

In diesem klaren Wahrnehmen und Empfinden meiner natürlichen Schönheit fühle ich freudvolles Einverstandensein. Mit meiner Farbe. Neben deiner Farbe. Im Farbenspiel der einen schöpferischen Wirkkraft.

Ich danke meinem Wegbegleiter für seine immerwährende Bereitschaft, mir zu begegnen. Auf mich zu reagieren. In wacher Präsenz.

Quellenverzeichnis
Wo die Zitate zu finden sind

9. Zitat
Einhundertundeine Geschichte von Nasreddin Hodscha
Nachgefragt und herausgegeben von Jürgen Bosbach, Santiago
ISBN 978-3-937212-24-1

12. Zitat
Teresa von Ávila: Die Seelenburg
Anaconda, ISBN 978-3-86647-841-1

15. Zitat
Goethe/zum Vergnügen, Herausgegeben von Volker Ladenthin
Reclam, ISBN 978-3-15-18794-4

17. Zitat
Erleuchtende Gespräche mit Ramesh S. Balsekar
Herausgegeben von Wayne Liquorman
Verlag Alf Lüchow, ISBN 3-925898-25-5

18. Zitat
Der kleine Zen-Meister
Wilhelm Heyne Verlag, Heyne MINI 33/1300 ISBN 3-453-09809-9

20. Zitat
Marco Aldinger: Bewußtseinser-Heiterung, Weisheitsgeschichten
Herder Spektrum, ISBN 3-451-05020-X

21. Zitat
Dr. E. Bordeaux Székely: Das Evangelium der Essener/Buch 1-4,
Gesamtausgabe, Verlag Bruno Martin, ISBN 3-921786-61-4

24. Zitat
Erleuchtende Gespräche mit Ramesh S. Balsekar
Herausgegeben von Wayne Liquorman
Verlag Alf Lüchow, ISBN 3-925898-25-5

25. Zitat
Teresa von Ávila: Die Seelenburg
Anaconda, ISBN 978-3-86647-841-1

26. Zitat
Marco Aldinger: Bewußtseinser-Heiterung, Weisheitsgeschichten
Herder Spektrum, ISBN 3-451-05020-X

27. Zitat
Albert Einstein/Einstein sagt/Zitate, Einfälle, Gedanken
Herausgegeben von Alice Calaprice, Piper, ISBN 978-3-492-25089-4

30. Zitat
Hans-Peter Dürr: Auch die Wissenschaft spricht nur in Gleichnissen
HERDER spektrum, ISBN 3-451-05486-8
31. Zitat
 Walt Disneys LUSTIGES TASCHENBUCH Nr.64
"Onkel Dagoberts Traumreisen", EHAPA VERLAG GMBH
32. Zitat
Pir Vilayat Inayat Khan: Der Ruf des Derwisch
Synthesis, ISBN 3-922026-07-9
Zitat auf S.153
Meister Eckhart: Einheit im Sein und Wirken, Serie Piper
Texte christlicher Mystiker, ISBN 3-492-00823-2

Und auf *S.102* André Brie in
Marco Aldinger: Bewußtseinser-Heiterung, Weisheitsgeschichten
Herder Spektrum, ISBN 3-451-05020-X

Zeitfracht Medien GmbH
Ferdinand-Jühlke-Straße 7
99095 Erfurt, Deutschland
produktsicherheit@kolibri360.de